## ZERO-LOOPHOLE DEBATE

先發制人×概念界定×欲擒故縱×捕捉破綻，
鍛鍊臨場反應，讓你的言辭無懈可擊！

楊昱衡 著

——讓對手無路可退的思維布局——

# 零漏洞辯論法

一場語言的攻防戰，讓邏輯與思維成為最鋒利的武器；
不是詐術取勝，而是推理與布局的智慧較量！

# 目錄

■ 第一章　未雨綢繆：辯論賽的準備與強化 ············ 005

■ 第二章　兩難設問，模糊應對 ················ 101

■ 第三章　因勢利導，以謀取勝 ················ 119

■ 第四章　詭辯與辯論的界線 ················· 195

■ 第五章　捕捉破綻，亂中取勝 ················ 239

# 目錄

# 第一章
# 未雨綢繆：辯論賽的準備與強化

## 準備辯題與全面強化

　　成功的背後往往伴隨著大量的準備與訓練。在大學生辯論賽中，選手們在短短的 40 分鐘內展現敏捷思維與優秀的表達能力。然而，這些精彩瞬間的背後，則是隊伍經過長時間訓練與資料整理的成果。

### 搜集資料與確立辯題

　　辯題的選擇決定了辯論的核心方向，不同性質的辯題具有不同的特點。例如：大眾化辯題更具娛樂性，專業性辯題則更強調知識的運用，而社會性辯題則關注當代議題（Wang，2020）。目前，大學生辯論賽的辯題確立原則通常是關注社會熱點與時代趨勢（Li，2019）。在選題時，應考量以下幾點：

　　1. **平衡性**：辯題應確保雙方皆有論述空間，避免一方占據明顯優勢，否則辯論可能淪為單方面的攻防，影響比賽的公平

第一章　未雨綢繆：辯論賽的準備與強化

性（Zhang，2021）。

　　2. **明確性**：辯題應清晰具體，以確保雙方能夠展開針對性討論，而非空泛陳述，否則可能導致辯論變成演講（Chen，2018）。

　　3. **適當性**：在國際賽事中，應避免涉及過於敏感的政治或宗教問題，以防引發爭議或不必要的對立（Liu，2022）。

　　確立辯題後，隊伍需針對議題進行深入研究與資料蒐集。

## 材料搜集與整理

　　辯論準備的第一步是透徹理解辯題。此過程包括分析對手可能的立場與策略，以預測可能的攻防點，確保能夠提出有效的反駁（Sun，2020）。此外，選手應針對辯題的關鍵字進行深入剖析，以確立論述基礎並形成有力的論點（Yang，2017）。

　　在資料蒐集方面，辯論隊可透過學術文獻、新聞報導、專家訪談與社會調查等方式獲取資訊（Zhao，2016）。蒐集過程應同時進行整理與討論，以建立完整的辯論框架，確保論述具有深度與廣度（Wu，2019）。

## 撰寫辯論稿

　　辯論稿的撰寫需考量團隊整體的發展策略，通常可依照「起、承、轉、合」的結構安排內容（Huang，2015）：

1. **第一辯手**：開宗明義，闡述基本立場，確立辯論基調（Chen，2021）。

2. **第二辯手**：進一步強化論點，針對關鍵問題進行深入分析（Wang，2018）。

3. **第三辯手**：補充與深化論證，擴展論點的廣度與深度（Zhang，2020）。

4. **第四辯手**：總結全場辯論，提升論述層次，使論點更加有力（Li，2017）。

辯論稿的表達應符合口語化特點，以確保辯論時的表達自然流暢，避免過於書面化的語言影響聽眾的理解（Liu，2019）。此外，在準備辯論稿時，選手應確保能夠靈活運用內容，而非單純背誦，因為辯論的核心是即時思辨與臨場應變（Sun，2021）。

## 全面強化與技能培養

辯論是一種靈活性極高且富有創造力的競技活動，僅依賴書本上的辯論技巧是不足夠的（Wu，2020）。為了在競爭激烈的比賽中取得優勢，隊伍需在多個方面進行綜合訓練，包括：

1. **知識結構強化**：選手應涉獵廣泛的領域，提升知識儲備，以增強論述的廣度與深度（Huang，2018）。

2. **應變能力培養**：透過模擬辯論訓練，提高臨場反應與即時思考能力，使選手能夠靈活應對對手的攻防（Chen，2020）。

3. **心理素養提升**：在高壓環境中進行模擬訓練，以增強選手的心理承受能力，確保在正式比賽時能夠保持冷靜與專注（Zhao，2018）。

綜上所述，辯論賽的成功取決於充分的準備、嚴謹的策略規劃以及綜合能力的培養。透過科學的訓練方法與持續的實踐，選手將能夠在比賽中發揮最佳水準。

## 搜集證據與運籌辯略

### 知識積累：辯論制勝的關鍵基石

辯論是一場思想與觀點的交鋒，其核心在於知識的運用與邏輯推理。優秀的辯手不僅需具備卓越的表達技巧，更須擁有深厚的知識儲備，才能在辯論場上從容應對各種議題。語言的感染力固然重要，但若缺乏知識的支撐，便容易淪為華而不實的辯論，難以真正說服對手與觀眾。因此，辯論可以視為一種「知識密集型」的競技活動，辯手的實力與其知識積累的程度密不可分。

## 知識決定辯論優勢

在各大辯論賽事中，優秀的辯論隊往往具備堅實的學術基礎。例如：某些頂尖大學的辯論隊能在國際賽事中屢創佳績，主要歸因於其隊員擁有深厚的知識儲備，使其在論證時更加縝密、具說服力。事實上，知識對於辯手而言，如同彈藥之於戰場，即使辯才無礙，若缺乏足夠的知識支撐，則難以在辯論場上取得長期優勢。

此外，知識的豐富程度決定了辯論的深度。單純仰賴語言技巧的辯手，可能在一時之間占據上風，但當辯論進入核心議題時，若無法提出具體的數據、事例或理論作為支撐，其論點便容易被對方擊潰。相較之下，知識儲備充足的辯手則能透過邏輯推理、學術理據與社會實例來強化論點，使辯論更具深度與說服力。

# 如何提升知識儲備

為了在辯論中取得優勢，辯手應持續進行知識積累，並透過多元方式來強化自身的知識結構。以下是幾種有效的學習方法：

第一章　未雨綢繆：辯論賽的準備與強化

## 廣泛閱讀，奠定知識基礎

閱讀是知識積累的根本，唯有廣泛涉獵不同領域的書籍，才能培養深厚的學識與多元的視角。辯論涉及的議題廣泛，涵蓋哲學、社會科學、經濟學、歷史、科技、法律等多個領域，因此，辯手應建立跨學科的閱讀習慣，以確保在辯論時能夠從多角度進行論證，提升說服力。

此外，除了閱讀專業書籍，辯手也應關注新聞報導、學術期刊、政府報告與國際趨勢，保持對時事的敏銳度，確保自身的論述與當前社會背景相符。例如：在討論環境保護相關議題時，若能引用最新的氣候變遷報告與國際環保政策，便能讓論證更具權威性。

## 專博結合，強化知識結構

知識的學習應兼顧「專」與「博」的平衡。一方面，辯手需在某些專業領域深入鑽研，確保自身對該領域的核心概念、理論框架與關鍵數據有透徹理解；另一方面，亦需具備廣博的知識基礎，以便靈活應對不同類型的辯題。例如：專攻法律的辯手，在熟悉法學理論的同時，也應了解政治學、經濟學與社會學的基本概念，從而能在辯論中提出更具體且有深度的論述。

這種「專博結合」的學習模式，能幫助辯手在不同議題間建立關聯，使論證更具層次。例如：在討論「人工智慧對人類社會

的影響」時，若辯手僅從科技角度出發，則論點可能過於單薄。但若能結合法律（AI 監管）、經濟（自動化對勞動市場的影響）與哲學（AI 倫理），則能使論證更加全面。

## 參與討論與辯論實戰訓練

知識的積累不僅限於閱讀與學習，更需透過實際討論與辯論訓練來強化運用能力。透過與隊友進行模擬辯論，辯手可以學習如何靈活應用知識，並透過觀察對手的論證方式來改進自身策略。此外，辯手應積極參與公共論壇、學術研討會或時事討論，以培養對社會議題的敏感度，並訓練臨場應變能力。

實戰訓練的另一個重要面向，是學習如何有效運用數據與事例來支持論點。例如：在討論「基本工資是否應該提高」時，單純使用抽象論述可能難以說服對方。但若能引用各國的經濟數據、勞工統計與相關研究，則能讓論證更加具體，增強說服力。

## 養成批判性思考能力

辯論不僅是知識的運用，更是思維能力的考驗。辯手應培養批判性思考能力，學會分析與評估不同觀點，並找出其中的邏輯漏洞。例如：在面對對方的論證時，應思考：

第一章　未雨綢繆：辯論賽的準備與強化

- 對方的論點是否建立在正確的事實基礎上？
- 對方是否犯了以偏概全、循環論證或錯誤類比的邏輯謬誤？
- 對方的數據來源是否具有權威性？
- 是否有其他角度可以推翻或補充對方的論述？

　　這種批判性思維的養成，能幫助辯手在辯論中迅速辨識對方的漏洞，並提出有力的反駁，進而掌控辯論的節奏與方向。

## 結論：知識造就卓越辯手

　　辯論不僅是語言技巧的展現，更是知識與邏輯的較量。優秀的辯手應透過**廣泛閱讀、專博結合、參與討論與批判性思維訓練**來持續提升自身知識水準。唯有在擁有紮實知識基礎的前提下，才能在辯論過程中靈活應對不同議題，提出有力的論證，並展現縝密的邏輯與穩健的思辨能力。

　　如同培根所言：「**知識就是力量**」，這句話在辯論場上同樣適用。真正的辯論高手，並非僅靠語言技巧取勝，而是憑藉豐富的知識積累，透過嚴謹的推理與縝密的論證，讓對手與觀眾心服口服。

# 選擇正確的思辯方法

## 思辯的概念與重要性

　　思辯指的是辯論中運用的基本思想方法。當辯手拿到辯題時，通常會產生許多想法，例如如何破題、如何論述、如何反駁對方以及如何組織語言等。經過反覆推敲後，這些想法會形成一條主線，成為指導辯論進行的核心策略，這條主線即為**思辯方式**，亦可稱為**思路**。

　　如果將辯論比喻為一列火車，則知識是車廂，而思辯則是支撐車廂前進的車輪。辯論的精彩程度取決於車輪是否能夠快速而準確地運行，確保知識沿著雙方交鋒的軌道順利推進。辯手在辯論場上的**反應敏捷、思路清晰與立論嚴謹**，皆是思辯能力的具體展現。正如陸機在《文賦》中所言：「思風發於胸臆，言泉流於唇齒」，即表達了思考與表達之間的緊密關聯。

　　在辯論中，如何發揮高效能的思辯？西方辯論分析強調**形式邏輯、辯證邏輯與結構功能**，以培養嚴密、連貫且清晰的思維能力。即使辯手未曾接受正式的邏輯訓練，但若具備較高的知識水準與推理能力，仍可透過自學與實戰訓練提升思維的邏輯性與辯論能力。

第一章　未雨綢繆：辯論賽的準備與強化

## 辯論思維的基本特徵

荷蘭學者埃默綸與荷羅頓道斯特在《辯論・交際・謬誤》一書中，歸納出辯論思維的三個特徵：

### ■ 實現功能化

辯論的每段語言應與整體論證過程在邏輯上保持統一，不應孤立地使用邏輯推理。辯論語言片段應作為言語事件的一部分，每一段話皆需承擔特定的論證功能，確保語言為核心論點服務。邏輯推理雖然是辯論的重要工具，但它並非唯一說服人的手段，而是需要與語境相結合，才能發揮最大作用。

### ■ 實現社會化

辯論不僅是對抗對手的過程，更是向觀眾傳遞觀點的社會互動。辯手的推理應考量大眾的理解與接受度，並透過合理的語言組織與表達方式，影響更廣泛的受眾，使己方論點獲得更多認同。

### ■ 實現辯論化

辯論不僅是為了讓對方接受己方觀點，更是一種促進理性探討的方式。在辯論過程中，雙方應透過深入分析與批判性思維來尋求最佳解決方案，而非僅憑邏輯壓服對方。真正有效的辯論，應該能夠消除觀點間的矛盾，使問題獲得更清晰的解釋。

上述三個特徵對於構築嚴謹的辯論思維具有重要的啟發意

義。一般而言,辯論思維可細分為**思維形式**與**思維內容**兩大部分。

## 辯論中的思維形式

### 急智

急智是辯論中最關鍵的思維形式。辯論賽通常受到時間與場域的限制,辯手需在短時間內作出推理與判斷。特別是在自由辯論環節,形勢變化迅速,辯手必須即時應對攻防,迅速抓住對方破綻並進行反擊。培養急智能力除了與個人的思維敏捷度有關,也與長期訓練與思維習慣的養成密不可分。

### 收斂性思維

收斂性思維指的是辯手在辯論過程中應嚴格聚焦於辯題,避免偏離主題或發散過度。辯論的時間有限,若論述過於分散,不僅削弱論證的有效性,還可能為對手提供攻擊機會。經驗不足的辯手常犯的錯誤之一,就是興之所至,未能有效掌握辯論焦點,導致發言內容無法收攏,甚至與己方觀點相矛盾。因此,辯手應培養良好的收斂性思維,確保論述緊扣辯題,避免無謂的擴散。

### 擴散性思維

擴散性思維指的是辯手應敢於跳脫傳統推理框架,透過比喻、舉例與故事敘述來強化論點,使論證更加生動具體。運用

## 第一章　未雨綢繆：辯論賽的準備與強化

擴散性思維，能夠讓辯論內容更具說服力，並提升觀眾的理解與接受度。然而，擴散性思維若運用過度，可能導致辯論變得油滑甚至庸俗。因此，辯手應在收斂性與擴散性思維之間取得平衡，使論述既具條理，又不失靈活性。

## 辯論中的思維內容

### 邏輯思維

邏輯思維是辯論的核心，支撐著整場辯論的結構。邏輯思維可分為**形式邏輯**與**辯證邏輯**：

- **形式邏輯**：關注論證的嚴謹性，確保推理過程符合邏輯規則，例如三段論法與因果推理。
- **辯證邏輯**：強調對立觀點的互動與轉化，要求辯手能夠靈活應對對方的論述，並透過反駁與質詢來深化己方觀點。

在隊際辯論中，邏輯設計尤為重要。隊伍通常由四名辯手組成，各自負責不同環節的論證，並需確保論述層層遞進，最終形成完整的論證結構。成功的辯論隊會在立論階段精心設計邏輯框架，以確保論述的嚴密性與連貫性。此外，優秀的辯手應具備靈活的邏輯應變能力，能夠即時根據對方的論述進行有效反駁與補充論證。

## 結論

　　正確的思辯方法是辯論成功的關鍵。辯手需培養嚴謹的邏輯思維，並在收斂性與擴散性思維之間取得平衡，以確保論述既嚴密又具說服力。此外，辯論不僅是觀點的較量，更是說服對方與觀眾的過程，因此辯手應關注論述的社會化特徵，使己方觀點能夠影響更廣泛的受眾。透過不斷訓練與實踐，辯手將能夠在辯論場上展現優秀的思辯能力，從而提升自身的競爭力與說服力。

# 辯論的邏輯設計與思辯方式

## 邏輯設計的關鍵要素

　　在辯論中，邏輯設計是確保論述嚴密、攻防有力的核心環節。一般來說，辯論的邏輯設計需考慮以下幾個方面：

## 深入理解辯題，準確把握題意

　　首先，對己方的辯題必須進行深入推敲，甚至需逐字逐句進行精確分析，以確保充分理解題目的涵義。辯論題目的資訊量通常較大，辯手應透過細緻的解讀來發掘不同層面的論證可能性，為己方立論奠定堅實基礎。

第一章　未雨綢繆：辯論賽的準備與強化

## 建立最優邏輯思路，確保論證完整

在分析辯題後，應確立最具說服力的邏輯思路，並根據此思路填充數據、事實與材料。優秀的辯題通常具備高度的**可辯性**，即允許不同觀點的交鋒，而非定論化的問題。因此，辯手應充分發掘辯題的包容性與延展性，探索多種論證角度，並根據邏輯主線「按圖索驥」，尋找最具說服力的事實證據，以確保己方論點的穩固性與自信度。

## 分析對手的邏輯設計，預測攻防策略

在確立己方的論證體系後，還應仔細推演對方可能採用的邏輯思路。透過比較與反覆權衡，發掘己方論點可能存在的漏洞，並設計補強策略。同時，辯手應積極尋找對手邏輯中的矛盾與薄弱環節，透過嚴密的推理進行攻擊與反駁。這一過程即展現了「知己知彼，百戰不殆」的策略思想。

如果對方存在**邏輯謬誤**，如**偷換概念、循環論證、以偏概全或機械類比**，辯手應當及時指出，並運用嚴密的邏輯推理進行駁斥，以確保己方論點的優勢。

## 形象思維在辯論中的運用

除了邏輯思維，形象思維亦是辯論中不可或缺的要素。邏輯思維決定了論證的結構，而形象思維則是對這一結構的補充與修飾，使其更加具象化、生動化，從而增強說服力與感染力。

## 形象思維如何補充邏輯論證

形象思維的作用可類比為人體結構中的血與肉。當邏輯思維建立起論證的框架後，形象思維則透過比喻、故事、實例等方式，使論述更具可感性與說服力。尤其在自由辯論階段，雙方針鋒相對，場上局勢瞬息萬變，即使己方已做好充分準備，仍無法完全預測對方的策略。這時，形象思維的靈活運用能夠幫助辯手快速應對突發情況，提升臨場表現能力。

## 靈活運用形象思維，強化臨場應變能力

優秀的辯手應確保己方的邏輯主線在整場辯論中始終穩固，同時具備**隨機應變的能力**。這不僅取決於辯手的邏輯推理能力，還與形象思維的運用息息相關。在實戰中，辯手應能夠靈活解構己方立論，透過多角度、多層次的論證方式，強化論述的完整性與說服力。

雖然理論上，若邏輯設計嚴密，立論應該能夠**滴水不漏**，

但在辯論賽場上，由於雙方均經過精心準備，要找到對手邏輯上的致命缺口並非易事。因此，辯手應善於運用形象思維，以靈活多變的論述方式展現己方的論點，使之在實戰中更具說服力與競爭優勢。

## 邏輯思維與形象思維的相互影響

人的邏輯思維能力並非孤立存在，它不僅與刻意訓練有關，還受到個人素養的影響。形象思維能力更需要在日常生活與實踐中持續鍛鍊，才能在辯論中發揮最佳效果。

在國際學術界，辯論分析已發展為獨立的研究領域，並形成系統化的思辯方式理論。不同的思辯方式各有其應用場景與特點，辯手可根據具體需求選擇合適的策略，以提升辯論實力。

## 結論

綜上所述，辯論的邏輯設計應從多個層面進行考量，包括深入理解題意、確立最優邏輯思路、分析對手策略及預測攻防模式。此外，形象思維的運用能夠有效補充邏輯論證，使辯論更加生動具象，增強說服力與臨場應變能力。透過理論訓練與實戰演練的結合，辯手將能夠在比賽中展現嚴密的邏輯推理與靈活的思辯技巧，從而提高競爭優勢，取得優秀的辯論表現。

## 思辯方式的分類

隨著辯論分析在國際上的發展，思辯方式已成為一個獨立的研究領域，其研究成果也已經相當系統化。從思維方向的角度來看，思辯方式可分為**縱向思辯、橫向思辯與弧狀思辯**三種類型。

### 縱向思辯

縱向思辯是一種**線性推理**的思維方式，其思路單一且直線推進，強調邏輯的層層遞進與因果關係的連接。這種思辯方式類似數學中的證明過程，透過一系列的推導步驟來獲得結論。由於其嚴密的邏輯性與清晰的結論導向，縱向思辯是辯論中最常見、最基本且最實用的方法之一。

為了更具體地闡述縱向思辯的應用方式，可進一步將其細分為**正向思辯**與**逆向思辯**兩種類型。

### 正向思辯

正向思辯是從已知條件出發，透過邏輯推理逐步深入，最終得出結論的一種思維方式。這種推理方式通常依循「由因及果」或「由果導因」的邏輯結構。

以「推動綠能發展對國家經濟有正面影響」這一辯題為例，

## 第一章　未雨綢繆：辯論賽的準備與強化

正方與反方可運用正向思辯來支持各自的立場。

### 正方推理過程（由因及果）：

- 全球氣候變遷加劇，傳統能源面臨減少碳排的壓力。
- 各國政府開始加強再生能源投資，以減少對化石燃料的依賴。
- 綠能產業的發展帶動相關技術創新與就業機會。

結論：推動綠能發展有助於提升國家經濟競爭力。

### 反方推理過程（由因及果）：

- 綠能技術仍處於發展階段，建置成本較高，轉型過程可能影響短期經濟發展。
- 綠能基礎設施建設需要大量政府補貼，可能造成財政負擔。

結論：過度強調綠能發展可能影響國家短期經濟穩定。

此外，反方還可運用「由果導因」的正向思辯方式進一步鞏固論點：

### 反方的由果導因推理：

- 近年來部分國家推動綠能發展時，因成本過高，導致部分產業外移。
- 產業外移導致當地就業市場受影響，影響經濟發展。

結論：貿然推動綠能轉型可能對短期經濟帶來負面影響。

然而，正方也可以運用相同的「由果導因」推理來反駁：

### 正方的由果導因推理：

- 歐盟等國加速綠能轉型後,帶動新興科技產業發展,形成新的經濟成長點。
- 國際市場對低碳產品需求增加,使採用綠能的企業在全球市場上更具競爭力。

結論：推動綠能發展將使國家經濟在未來趨勢中占有優勢。

由此可見,**正向思辯**的特點在於透過嚴密的邏輯推理來強化己方論點,並確保論述的說服力。然而,在辯論中僅僅建立論點是不夠的,還需要有效地反駁對方的觀點。因此,**逆向思辯**便成為破解正向思辯的一種重要策略。

## 逆向思辯

逆向思辯與正向思辯相對應,其特點在於不直接從因果關係建立論證,而是透過**反證、歸謬、質疑邏輯鏈接等方式**來動搖對方的論點。例如：針對前述辯題,正方若要運用逆向思辯來反駁反方,可採取以下方式：

**反證法**：若綠能發展導致經濟受損,則應觀察到所有投資綠能的國家經濟狀況變差。但事實上,許多國家反而因綠能產業崛起而帶動經濟成長,因此此假設未必成立。

**歸謬法**：若按照反方邏輯,應繼續依賴傳統能源,但此舉將導致碳排放增加,未來可能面臨更嚴格的國際貿易制裁,反

而對經濟發展不利。

**質疑法**：反方認為綠能發展短期內造成財政負擔，但政府投資往往有長期回報，是否應該考慮未來市場效益？

透過這些方法，逆向思辯能夠有效動搖對方立論，使對手陷入邏輯困境，從而為己方創造優勢。

## 結論

縱向思辯作為辯論中最基本的思維方式，其核心在於透過嚴密的邏輯推理來建立論點與進行攻防。正向思辯強調由因及果或由果導因的邏輯結構，以確保論證的完整性與嚴謹性，而逆向思辯則透過反證、歸謬與質疑等方式來削弱對方的論點。

在辯論實戰中，辯手需靈活運用正向與逆向思辯，根據不同的辯題特點與攻防策略來選擇最佳的論證方式。熟練掌握這些思辯技巧，將有助於提升辯手的邏輯推理能力與臨場應變能力，使其在辯論賽場上立於不敗之地。

## 思辯方式的進階應用

隨著辯論分析的發展，除了**縱向思辯**外，辯手在實戰中還會運用更靈活的思維方式，例如**往復思辯、發散思辯、歸一思**

辯、橫向思辯與弧狀思辯。這些思辯方法能夠提升辯論的攻防效果，使辯手在面對不同對手與議題時具備更大的策略彈性。

## 往復思辯：以退為進，攻防兼備

往復思辯結合**正向思辯**與**逆向思辯**，透過讓步與回擊的策略，使己方在辯論中占據主導地位。這種思維方式類似於先讓一步，再進兩步的策略，能夠巧妙地破解對方的論點，並強化己方立場。

在西方文學中，莎士比亞的《威尼斯商人》展現了典型的往復思辯手法。劇中，女主角鮑西婭在法庭上先允許放高利貸的夏洛克按照契約從商人安東尼奧身上割下一磅肉，但隨即補充「不得流一滴血」，使夏洛克陷入無法執行契約的困境，最終理屈詞窮。

在歷史上，也有許多政治與法律案例展現出往復思辯的策略。例如：在一場總統辯論中，某位候選人被對手指責其從未有軍事背景，因此不適合擔任國家領袖。他並未直接反駁，而是先承認對方的說法：「沒錯，我確實不是將軍。」接著話鋒一轉：「但正因如此，我的決策不會受個人軍事經歷影響，而是基於對整體國家安全的考量。」這樣的回應不僅消除了對方的攻擊，還成功引導討論回到己方的優勢領域。

## 第一章　未雨綢繆：辯論賽的準備與強化

## 發散思辯與歸一思辯

在辯論中，思維方式不僅限於單一方向的推理，還可以透過多角度分析來強化論證。

### ■ 發散思辯：從單點延伸至多方面影響

發散思辯是一種從核心觀點出發，延伸至多種相關影響的推理方式。這種方法適用於討論某一政策、制度或科技發展的**連鎖效應**。

例如：在討論「人工智慧（AI）對就業市場的影響」時，發散思辯可用於分析 AI 對不同領域的影響：

- AI 在製造業的應用可能導致傳統工人的工作機會減少。
- AI 技術的發展可能創造新的職位，例如資料師、機器學習工程師等。
- AI 的普及可能提升企業效率，間接促進經濟成長與薪資提升。

透過這種多角度的論證方式，辯手可以展示議題的全面性，使論述更具說服力。

### ■ 歸一思辯：從多種角度匯聚至核心論點

與發散思辯相反，歸一思辯是將多個相關論點收斂至一個核心結論的思維方式。這種方法適用於需要綜合各方數據與論證，以支持最終觀點的辯題。

例如:在討論「全球氣候變遷是否應優先於經濟發展」時,辯手可從不同領域引入論證:

- 科學研究證明氣候變遷導致極端氣候頻率增加。
- 環境惡化已對農業與糧食供應鏈造成威脅。
- 若不採取行動,未來環境災害可能導致更嚴重的經濟損失。

透過這些論點的整合,最終得出「應優先解決氣候變遷問題,以確保長遠經濟穩定」的結論。

## 橫向思辯:旁徵博引,增強論述說服力

橫向思辯不同於縱向思辯,它不依賴嚴格的因果推理,而是透過類比、對比與情境分析來加強論證。由於沒有嚴密的邏輯鏈條,即使部分論點受到攻擊,整體論述仍不會輕易崩潰,因此橫向思辯常被用於輔助主論點。

### 相向思辯(類比推理)

相向思辯利用**相似性**來強化論證。例如:在討論「政府是否應該提供全民基本收入」時,支持者可運用類比推理:

「過去,公共教育與醫療系統的推行被認為是浪費資源,但今天我們都認為這些制度對社會發展至關重要。同樣,全民基本收入可能是未來社會的一項必要改革。」

第一章　未雨綢繆：辯論賽的準備與強化

### ▚ 平行思辯（對比分析）

平行思辯透過**對比不同案例**來強調己方立場。例如：在討論「是否應該縮短工時以提升生產力」時，辯手可對比不同國家的政策：

「根據研究，瑞典試行六小時工作制後，員工的效率與幸福感皆有所提升，而一些長工時國家的勞工則面臨過勞問題。這顯示縮短工時有助於提升生產力。」

### ▚ 兩難思辯

兩難思辯透過設置對方難以選擇的情境來施加壓力。例如：在討論「是否應該降低軍費開支以支持社會福利」時，辯手可這樣設計問題：

「如果你認為軍費開支應該維持高水準，那麼請解釋為何在教育與醫療資源不足的情況下，政府仍應優先資助軍隊？但如果你同意降低軍費開支，那麼你的立場已經與我們一致了。」

## 弧狀思辯：間接推理，曲線說服

弧狀思辯不同於縱向或橫向思辯，它的特點是**透過間接推理來達成論證目的**。這種方法通常不會直接攻擊對方論點，而是透過設置情境、隱喻或故事引導對方接受己方立場。

例如：在討論「是否應該全面禁止社交媒體對未成年人的使用」時，辯手可使用弧狀思辯：

「我們不會讓未成年人無限制地購買菸酒，因為這可能對他們的健康造成傷害。同樣，社交媒體的成癮性與心理影響已被研究證實，那麼我們是否也應該對其使用進行適當規範？」

這種方法的優勢在於，它不會直接與對手發生對立，而是透過合理的引導，使對方逐步認同己方觀點。

## 結論

在辯論中，靈活運用不同的思辯方式，能夠提升論述的多樣性與說服力。**往復思辯**結合攻防策略，**發散與歸一思辯**強化論證的廣度與深度，**橫向思辯**透過類比與對比增強說服力，而**弧狀思辯**則以間接方式達成論證目標。熟練掌握這些思辯技巧，將使辯手在比賽中更加遊刃有餘，確保論述的全面性與策略靈活性。

## 巧用智謀，勝券在握

辯論是一場融合**勇氣**與**智慧**的競技，不僅考驗辯手的氣勢、意志與自信，更考驗其臨場應變與策略運用能力。正如《孫子兵法》強調「出其不意，攻其不備」，辯論場上同樣需要靈活的布局與謀略，以確保己方立於不敗之地。

智謀在辯論中的應用主要展現在兩個方面：

## 第一章　未雨綢繆：辯論賽的準備與強化

- **出奇制勝**：透過設計出人意料的攻防策略，使對手措手不及，陷入被動局面。
- **縝密規劃**：充分考慮對手的實力與可能應對策略，以確保己方在辯論中占據主動權。

許多人習慣根據對手的實力來預測辯論結果，然而這往往是一種錯誤的準備方式。即便對手實力不如己方，也不可掉以輕心，因為辯論場上常有**以弱勝強**的案例，關鍵在於臨場發揮與戰術運用。

## 智謀的運用：攻其不備，先發制人

### 案例一：靈活應變，化解對手攻勢

在某屆國際大學辯論賽中，辯題為：「文化全球化是否威脅本土文化？」正方主張全球化對本土文化構成衝擊，而反方則認為全球化促進文化融合與發展。

比賽中，反方提前預測到對手可能舉出「文化被同質化」的論點，並設計了一個巧妙的反擊問題：「請問，哪一種文化不曾受到外來文化影響？」當正方試圖舉例時，反方逐一拆解其例證，指出所有文化皆是歷史發展與交融的產物，最終使正方陷入論述困境。

這種策略的關鍵在於**預測對方立論並提前準備反駁方案**，使對手在己方設計的論述框架內陷入被動。

### 案例二：設計兩難問題，引導對手失誤

在某場環境政策辯論中，辯題為：「政府應該優先投資再生能源發展」。

反方預測到正方將強調再生能源的長期經濟效益，於是設計了一個兩難問題：「若投資再生能源導致短期電價上升，影響民生，您是否仍然支持？」

若正方回答「支持」，反方即可進一步追問：「那麼，政府是否應該犧牲低收入家庭的用電成本來推動綠能？」

若正方回答「不支持」，則意味著承認政策在短期內並不可行，削弱己方立論的力度。

這種策略的核心是**迫使對手陷入無論如何回答都會削弱自身立場的困境**，從而在論證上占據優勢。

## 針對對手特點，制定有效戰術

在正式辯論前，仔細分析對手的風格與弱點，針對性地制定戰術，是提高勝算的關鍵。

### 案例三：集中火力，擊潰對手主力

在某場歐洲大學辯論聯賽中，一支隊伍發現對手四名隊員中，有一名辯手特別擅長即時反應與攻防轉換，而其他三位隊員則表現較為普通。

## 第一章　未雨綢繆：辯論賽的準備與強化

該隊決定採取「集火戰術」，即：

- 在比賽中，四位隊員輪流對該名強勢辯手發起攻擊，不給其喘息機會。
- 其他三名隊員較為弱勢，當主要辯手受壓制時，整體表現自然受影響。

透過這種策略，他們成功**削弱對手核心辯手的影響力**，最終在整體表現上占據優勢。

### 案例四：利用辯題特性，發揮己方優勢

在一場關於「人工智慧（AI）對人類社會影響」的辯論中，某隊發現對手的成員多為法學與人文學科背景，而己方隊員則擅長科技與經濟領域。

因此，他們在立論時強調：

- AI 在經濟與科技上的正面效益，如提升生產效率、降低人力成本。
- 若不積極發展 AI，將導致本國競爭力下降。

這樣的策略不僅讓己方立論更具說服力，也避免陷入對手擅長的法律與倫理層面辯論，**成功發揮自身優勢**。

## 智謀的適度運用：巧妙取勝而非投機取巧

儘管智謀在辯論中扮演關鍵角色，但其運用應有一定限度。過度依賴策略而忽略立論的紮實性，可能導致「聰明反被聰明誤」。

### 避免過度計算，確保論點穩固

**避免過於依賴詭辯**：使用誤導性類比或刻意歪曲對方觀點，可能在短期內獲得優勢，但若被識破，將嚴重影響己方的可信度。

**確保邏輯鏈條穩固**：所有策略都應建立在嚴謹的邏輯推理上，而非單純依賴語言技巧或心理戰術。

### 靈活調整策略，應對場上變化

辯論場上局勢瞬息萬變，若一開始的戰術無效，應立即調整策略。例如：

- 若發現對手擅長駁斥細節，可改變策略，強調大方向的論證，使其難以攻擊。
- 若對方不斷轉移話題，可堅持將討論拉回主題，避免陷入對方設下的框架。

第一章　未雨綢繆：辯論賽的準備與強化

## 結論

在辯論中，運用**智謀與策略**不僅能增強攻防效果，也能提升己方的勝算。然而，智謀的使用應以立論紮實為基礎，避免過度依賴技巧或投機取巧。

成功的辯論策略應具備以下特點：

- **預測對方立論，提前設計反擊方案。**
- **靈活運用兩難問題，讓對手陷入困境。**
- **根據對手特點制定戰術，發揮己方優勢。**
- **適時調整策略，確保論點穩固且具說服力。**

透過縝密規劃與靈活應變，辯手將能夠在競爭激烈的辯論場上脫穎而出，真正做到「運籌於帷幄之中，決勝於千里之外」。

## 辯證思維，高瞻遠矚

在辯論中，單純的邏輯推理與語言技巧並不足以確保勝利。真正高水準的辯論，不僅需要縝密的論證，還需具備**辯證思維**，以全域視角分析事物的發展與變化，確保論述的深度與全面性。

## 辯證思維與辯證概念

辯證思維，簡單來說，就是**看得全、看得深、看得遠、看得活、看得真實**，即對事物的分析必須立體化、動態化，避免片面與靜態的認識。在辯論中，掌握辯證思維能夠幫助辯手跳脫單向度的思維框架，從更高層次規劃攻防策略。

哲學家黑格爾提出，辯證法是對立統一的運動，即任何事物都包含矛盾，並在矛盾的運行與轉化中發展。**辯證思維的核心，即是透過矛盾的分析，尋找事物的本質，進而做出更全面的判斷。**

## 辯證思維的四大特點

### 全面性：多角度考察事物

辯證思維的第一步，是確保分析的完整性，不僅要看到事物的正面，也要關注其反面；不僅要探討個別案例，也要考量普遍現象。例如：在討論「遠距工作是否應成為主流」時，不能只看到遠距工作的便利與彈性，還需分析其可能帶來的問題，如工作與生活界線模糊、團隊溝通效率下降等。

在辯論中，若一方僅強調某一面向，另一方可透過辯證思維指出其論述的片面性。例如：若對手主張「遠距工作提高員工滿意度」，己方可提出「並非所有產業皆適用，例如醫療、製造業等無法遠距運作」，從而削弱對方的論點。

## 第一章　未雨綢繆：辯論賽的準備與強化

### ◼ 靈活性：動態看待事物發展

事物是變動的，任何論點都不能僅基於靜態條件做出判斷。例如：在討論「核能是否應被淘汰」時，不能僅以過去的核災事故來否定核能，也應考量現代核能技術的進步與未來能源需求的變化。

馬克思曾指出：「在肯定現存事物的同時，也應包含對其否定的理解。」這意味著，辯論時不能只強調當下條件，而應從歷史與未來的角度分析。例如：在討論「人工智慧是否會取代人類工作」時，既要考慮目前 AI 自動化的發展，也應預測未來可能產生的新職業，從而做出更全面的結論。

### ◼ 系統性：事物的關聯與整體性

辯證思維強調「整體觀」，即**事物並非孤立存在，而是彼此影響、相互制約**。在辯論中，單點論述往往難以構成有力的論證，必須將問題放入更廣闊的系統來分析。

例如：在討論「政府是否應該加強企業監管」時，不能僅考慮短期經濟影響，也應考量監管對市場信任、企業創新、國際競爭力等長期因素的影響。這種系統化的分析，能夠幫助辯手建立更具說服力的論點。

### ◼ 實踐性：理論需經得起檢驗

真正的辯證思維，不是紙上談兵，而是必須與現實世界相互印證。例如：在討論「全民基本收入是否可行」時，不能僅從

理論層面分析，而應參考試行此政策的國家，如芬蘭的試驗計畫，來評估其實際效果。

美國哲學家杜威曾強調：「理論若無法在實踐中驗證，其價值便無法成立。」因此，在辯論時，辯手應善用**歷史案例**、**數據研究與實際政策結果**來支撐論點，確保論述具有實證基礎。

## 辯證思維在辯論中的應用

### 案例一：數據的兩面性

在討論「基本工資是否應該提高」時，支持方可能引用數據指出：「某國調高基本工資後，工人收入增加，生活品質提升。」但反對方可透過辯證思維指出：「若不考慮物價上漲、企業經營成本增加，這樣的數據並不完整。」這種方式能夠突顯對方論述的片面性，使己方的論證更具優勢。

### 案例二：挑戰「絕對性」的說法

若對手在辯論中使用**絕對化語言**，如「所有科技進步都會提高人類福祉」，辯手可透過辯證思維指出例外情況，例如科技濫用可能帶來隱私問題或心理健康危機。這種方法能有效削弱對方論述的絕對性，使己方立場更具彈性與現實感。

### 案例三：預測未來趨勢

在討論「電動車是否應取代燃油車」時，辯手可透過辯證思維強調：「雖然目前電動車仍面臨續航力與充電設施不足的問

題,但隨著技術進步與政策推動,這些障礙可能在未來數年內被克服,因此不能只根據當下條件來否定其可行性。」這種高瞻遠矚的分析方式,有助於增強論述的深度與說服力。

## 結論

辯證思維是一種超越傳統邏輯的思維方式,它幫助辯手從更全面、動態與系統的角度分析問題,從而提升論述的說服力與應變能力。在辯論中,辯手應培養以下辯證思維習慣:

- **避免片面性**:從多角度分析問題,不只看單一事例或數據。
- **考量變化性**:關注事物的歷史發展與未來趨勢,而非僅憑當下條件下結論。
- **強調系統性**:將問題放入更大的框架中分析,避免孤立論證。
- **堅持實證性**:引用歷史經驗與實踐結果,確保論點具備實際基礎。

透過辯證思維的運用,辯手能夠在辯論場上展現更高的視野與格局,真正做到「高瞻遠矚」,在論證與攻防中立於不敗之地。

# 最佳與最壞的擴散性思維

在辯論中，**擴散性思維（divergent thinking）**是一種強有力的論證方式，它能夠幫助辯手從不同角度探討問題，避免單一視角的片面性。許多事物並非單純的「好」或「壞」，而是根據不同情境展現不同的價值與影響。

## 寓言中的辯證思維

古希臘寓言家伊索的故事，生動地展現了擴散性思維的應用。當他的主人要求他準備「最好的食物」時，他選擇了「舌頭」，因為舌頭是語言的載體，能夠傳播智慧、促進溝通。然而，當主人要求準備「最壞的食物」時，他仍然選擇了舌頭，因為舌頭同樣能夠散播謊言、挑起爭端、帶來災難。

這個故事的關鍵在於：**同一事物可以根據不同視角得出完全相反的結論**。這種思維方式正是辯論中的關鍵技巧——透過多角度分析，使論點更具層次感與說服力。

## 多角度思維的重要性

辯證思維強調對事物的全面分析，而擴散性思維則進一步強調從不同方向切入，尋找更多可能性。例如：在討論「社交媒體對青少年的影響」時，我們可以從不同視角進行論證：

## 第一章　未雨綢繆：辯論賽的準備與強化

### ■ 正面角度：社交媒體的積極影響

**教育與學習**：社交媒體讓青少年能夠接觸到最新的知識與教育資源。

**社交連結**：幫助青少年與朋友、家人保持聯絡，拓展社交圈。

**表達自由**：讓年輕人有機會發聲，參與公共討論，甚至影響社會議題。

### ■ 負面角度：社交媒體的消極影響

**心理健康問題**：長時間使用社交媒體可能導致焦慮、憂鬱，甚至自尊心下降。

**隱私與安全風險**：個人資訊容易被濫用，青少年可能遭受網路霸凌或詐騙。

**注意力分散**：過度依賴社交媒體可能影響學習與日常生活的專注度。

透過擴散性思維，我們能夠理解一個議題的**複雜性**，避免陷入單向度的「非黑即白」思考模式。在辯論中，這不僅能夠讓己方論點更加完整，還能有效預測對手可能的攻防策略，提前準備反駁論據。

## 案例分析：從不同角度看待「遠距工作」

🔖 辯題：遠距工作是否應成為未來的主流模式？

**經濟角度：**

支持方：遠距工作能降低企業成本，提高員工效率，促進企業創新。

反對方：遠距工作可能削弱團隊合作，降低創新能力，影響企業文化。

**社會角度：**

支持方：讓更多人能夠平衡工作與家庭，提高生活品質。

反對方：可能造成城市經濟衰退，例如通勤減少導致公共交通與商業區收入下降。

**技術角度：**

支持方：科技的進步（如 Zoom、AI 合作工具）讓遠距工作更加高效可行。

反對方：仍有許多行業（如製造、醫療）無法完全遠距運作。

透過擴散性思維，我們可以從多個層面探討遠距工作的利弊，進一步深化論點，使辯論更加全面且具說服力。

第一章　未雨綢繆：辯論賽的準備與強化

## 避免「管中窺豹」的片面性

蘇東坡的詩句「橫看成嶺側成峰，遠近高低各不同」正是對擴散性思維的最佳詮釋。事物的本質往往取決於觀察的角度，而單一視角容易導致錯誤判斷。例如：

▪️「科技進步必然帶來社會進步」── 真的如此嗎？

雖然科技提升了生產效率與生活便利，但它也可能帶來隱私侵害、社會不平等擴大等問題。

▪️「監管科技企業會限制創新」── 這一定成立嗎？

適當的監管能夠防止科技濫用，例如保護用戶隱私、確保公平競爭，長遠來看可能反而促進良性創新。

這些例子顯示，若僅從單一視角看待問題，可能導致「論而未辯」或「辯而不果」的現象。真正高水準的辯論，應該在確立己方論點的同時，也能考慮對方的立場，並提前預測可能的反駁點，從而構建更縝密的論述架構。

## 如何在辯論中應用擴散性思維？

### 1. 主動預測對手論點，提前準備多角度應對策略

例如：在討論「電動車是否應全面取代燃油車」時，除了強調環保優勢外，也應考慮電池回收問題、充電基礎設施挑戰等議題，以防對手攻擊己方論點的片面性。

### 2. 巧用反問與類比，引導對手進入己方框架

若對手主張「所有科技都應無條件發展」，可提出：「那麼基因編輯是否也應無限制發展？」透過類比推理，使對方立場更難堅守。

### 3. 靈活調整論述策略，根據對手錶現適時發散或收斂論點

若對手強調單一面向（如經濟利益），可運用擴散性思維補充社會、環境、法律等層面，擴大討論範圍，使對方難以反駁。

## 結論

擴散性思維是一種強化辯論論述的關鍵技巧，它能幫助辯手：

- **避免片面性，確保論證全面**
- **預測對手攻防策略，提前構建反駁點**
- **透過多角度分析，使論述更具深度與說服力**

透過擴散性思維，我們不僅能夠提升論述的層次，更能在辯論場上占據主動，真正做到「高瞻遠矚」，引領辯論向更高層次發展。

## 突破定式，多角度思維

在辯論中，**單向思維**往往會導致論證的片面性，使辯手陷入僵局，甚至無法真正與對手發生思想上的「撞擊」。因此，學

第一章　未雨綢繆：辯論賽的準備與強化

**會突破定式，以多角度思維審視問題**，能夠幫助辯手提高論述的靈活性與說服力。

### ■ 案例分析：詹姆士的「松鼠問題」

美國哲學家詹姆士曾講述過一個有趣的爭論：

一隻松鼠緊貼著一棵樹幹旋轉，而一名露營者站在另一側，試圖繞著樹追著松鼠。無論露營者如何移動，松鼠的正面始終面對他，背面始終朝外。

學生們為此爭論：「露營者是否算是在繞松鼠跑？」

詹姆士的回應是：**這取決於「繞」的定義。**

如果「繞」是指占據東南西北四個方位，那麼露營者確實繞了松鼠。

如果「繞」是指從松鼠的正面移動到其背面，那麼露營者並沒有真正繞過松鼠。

這個例子展示了**多角度思維的重要性**──不同視角導致不同結論，這在辯論中尤為關鍵。

### ■ 外交辯論：國際條約的解讀

在國際談判中，條約的解讀往往涉及多角度思維。例如：某兩國簽訂了一項協定，約定雙方要互相協助。然而，不久後，一國決定對另一國施壓，而對方則尋求協力廠商支援，導致協定的解讀出現分歧。

此時，雙方可從不同角度解讀協定：

甲方認為：「協助」意味著支持己方的行動。

乙方則認為：「協助」應該建立在雙方互惠互利的基礎上，不能單方面服從。

這場辯論展現了「多角度解讀條約內容」的策略——如果條約的重點在於「互相幫助」，那麼單方面要求另一方服從，就缺乏合理性。

## 打破思維定式：從「非黑即白」到「多維思考」

### 某企業經營模式的轉型：短期 vs. 長期利益

某國內企業面臨經濟轉型，內部管理層爭論是否應該投入大量資金進行數位化改革。

**支持者認為**：數位轉型能夠提高效率，使企業在未來更具競爭力。

**反對者認為**：短期內的轉型成本過高，可能影響公司目前的營運狀況。

如果僅從「該不該轉型」的角度討論，雙方容易陷入對立。但若從多角度分析：

**短期來看**，轉型確實需要大量投資，可能影響當前利潤。

**長期來看**，數位化能夠提升競爭優勢，確保企業未來發展。

這樣的分析方式，能夠讓雙方找到**權衡的可能性**，而非陷入「支持或反對」的簡單對立。

## 某國貿易政策的評估：經濟 vs. 環保

某國政府推動新的貿易協議，部分民眾擔憂其對環境的影響，政府與環保團體因此產生爭論。

**政府立場**：貿易協議能促進經濟發展，提高就業率。

**環保團體**：部分產業將造成環境破壞，不應為了經濟發展犧牲環保。

這場辯論不應僅停留在「支持貿易」或「反對貿易」的層面，而應考慮：

是否可以制定環保條款，以確保企業發展的同時降低環境影響？

是否可以設立監管機構，確保貿易協議的執行符合可持續發展原則？

透過多角度分析，可以避免二元對立，讓討論更加具體與可行。

## 避免「平行線式論辯」：真正發生思想交鋒

### ■ 案例分析：《某電影的文化影響》

某部電影上映後引發熱烈討論，一方認為該電影刻畫了社會問題，具有深刻意義；另一方則批評其過於負面，可能影響社會價值觀。

支持者強調：「電影反映現實，讓觀眾思考社會議題。」
反對者認為：「過度強調負面內容，可能強化社會焦慮。」
然而，這場討論變成了一場「單向度的論戰」——
一方討論電影的藝術價值，另一方則關心其社會影響。

**但雙方的論點並未真正交鋒，而是在不同層次上進行討論，彼此擦肩而過。**

## 辯論應用：突破思維定式的技巧

### ■ 拆解問題，避免簡單二元對立

在討論「科技發展是否應該無限制？」時，不要僅從「應該」或「不應該」的角度回答，而應拆解：

- 從技術創新的角度，開放性發展是必要的。
- 但從道德與法律角度，應設置適當限制，以避免風險。

## 第一章　未雨綢繆：辯論賽的準備與強化

### ■ 運用辯證概念，靈活構建論述

在辯論「人工智慧是否對人類有害？」時，可採用辯證思維：

- AI 確實可能導致部分就業崗位被取代，但同時也創造了新的工作機會。
- 關鍵不在於 AI 本身，而在於如何制定政策來管理其影響。

這種多角度解讀，使對手難以輕易駁倒。

### ■ 預測對手論點，提前準備「以攻為守」

在討論「某國是否應該增加軍費？」時，可預測對手可能強調「國防安全」，於是準備：

- 軍費增加是否會影響民生預算？
- 是否可以透過國際合作來提升安全，而非單純依賴軍事擴張？

透過轉移論述重心，使對方難以有效攻擊。

## 結論

突破思維定式，多角度分析問題，能夠幫助辯手避免陷入單向度的論述，使論證更加全面與有力。在辯論中，我們應：

- **拆解問題，避免二元對立**
- **結合不同層次的觀點，構建更強的論證**
- **預測對手論點，提前設計反擊策略**

透過這種方式，辯手將能夠在辯論場上真正發生「思想上的撞擊」，而非只是各說各話，讓論辯更具深度與價值。

## 出奇制勝，先發制人

在辯論中，**搶占主動權**是制勝的關鍵。一旦己方成功掌握討論的主軸，對手就會陷入被動，難以發揮自身優勢。因此，**如何找到最佳切入角度，確保論證立場穩固**，是每位辯手都需要掌握的策略技巧。

### 找準角度，抓住主動權

在辯論賽中，能否**先發制人、奪取主動**，往往決定了整場比賽的基調。成功的策略通常包含以下要點：

- **精準解讀辯題，尋找最佳切入點。**
- **預測對手論述方向，提前準備應對方案。**
- **將討論焦點引導至己方優勢領域，削弱對方立論基礎。**

**案例分析：某場國際經濟論壇辯論**

在一場國際經濟論壇的學術辯論中，辯題為：「全球化是否促進了貧富差距的擴大？」

## 第一章　未雨綢繆：辯論賽的準備與強化

**支持方（全球化導致貧富差距擴大）**
- 全球化讓跨國企業壟斷市場，導致小型本土企業競爭力下降。
- 資本流動受限於開發中國家的經濟結構，窮國難以從全球化中受益。
- 技術紅利主要集中於發達國家，進一步拉大經濟差距。

**反對方（全球化縮小貧富差距）**
- 全球化促進技術與資源共用，讓貧窮國家有機會參與國際市場。
- 國際貿易提升經濟發展，帶動就業與人民生活水準提升。
- 全球化讓教育與醫療資源更容易獲得，改善低收入群體的生活品質。

此時，反對方若只是直接反駁全球化的負面影響，將陷入對方設定的框架，難以有效掌握討論主軸。

### ■ 策略：重新定義「貧富差距」

聰明的反對方可以先**重新定義「貧富差距」**，將討論從**絕對貧富差距**（富人變得更富，窮人變得更窮）轉移到**相對經濟改善**（即使差距存在，但整體貧困程度下降）。

他們可提出：

- 關鍵不在於差距是否擴大，而在於低收入群體的生活是否改善。

- 即使富人變得更富,但全球貧困率的下降證明窮人的生活水準在提升。
- 應關注如何讓全球化發揮更大效益,而非片面強調其負面影響。

透過這種策略,反對方不僅**迴避了對方論點的直接攻擊,還成功將討論方向轉向己方優勢領域**,最終掌握辯論的主導權。

## 預測對手戰術,提前設計反擊方案

在辯論前,除了構建己方論述,還需**預測對手的攻防策略,設計相應的應對方案**。這種「先發制人」的思維方式,能有效提升臨場表現。

### ■ 案例分析:科技發展與隱私權之辯

辯題:「科技的進步是否威脅個人隱私?」

**正方(科技威脅隱私)**

- 大數據技術使個人資訊容易被濫用,缺乏有效監管機制。
- AI 演算法讓個人資訊成為商業商品,個體隱私受到侵犯。
- 數位監控技術使政府與企業擁有過多權力,侵害個人自由。

**反方(科技不威脅隱私)**

- 科技的進步提供更強大的資訊保護技術,如加密技術、區塊鏈等。

- 隱私權問題本質上是**政策與法律的問題**,而非科技本身的問題。
- 過度限制科技發展,將阻礙社會進步,影響經濟與產業發展。

此時,反方若直接否認科技帶來的隱私風險,將顯得不夠現實,容易遭受對方反駁。因此,**應改變策略,將討論焦點轉向「問題的根源」**,例如:

- 隱私權的威脅來自於「如何使用科技」,而非科技本身。
- 技術發展與隱私保護可以共存,關鍵在於法律與監管機制的建立。
- 歷史證明,每一次科技革命初期都會引發擔憂,但透過政策調整,最終都能找到平衡點。

這樣的應對方式,能夠有效**削弱對方論點的攻擊力**,並將**辯論方向引導至己方優勢領域**。

## 巧妙運用「以攻為守」的策略

在某些情況下,最佳的防守策略就是進攻。當對方提出己方難以駁斥的論點時,可透過**反向提問與質疑**,迫使對方自陷矛盾。

### 案例分析:新能源汽車 vs. 燃油車

辯題:「新能源汽車是否應全面取代燃油車?」

**正方（應取代燃油車）**

- 新能源汽車環保、減少碳排放，有助於全球應對氣候變遷。
- 電動車技術發展迅速，充電基礎設施將逐步完善。
- 許多國家已經計劃淘汰燃油車，這是不可逆的趨勢。

**反方（不應全面取代燃油車）**

- 電動車生產過程仍然產生大量碳排放，並非絕對環保。
- 充電設施不足，影響長途行駛與消費者使用便利性。
- 燃油車在特定領域（如高寒地區、長途貨運）仍有無可取代的優勢。

此時，反方若只是列舉燃油車的優勢，將難以動搖正方的核心論述。因此，可運用「以攻為守」的策略，**透過提問削弱對方的說服力**：

- 「新能源車的電池回收問題尚未解決，這是否會帶來新的環保危機？」
- 「如果所有車輛都改為新能源車，是否會對電網造成巨大負擔？」
- 「在開發中國家，新能源汽車的普及是否會因高成本而導致交通不平等？」

透過這類問題，反方不僅能夠**迫使正方回答難題，還能讓**

第一章　未雨綢繆：辯論賽的準備與強化

評審與觀眾意識到新能源車並非完美解決方案，從而減少對方的論述優勢。

## 結論

在辯論中，找準角度、搶占主動、預測對手、靈活應對是成功的關鍵。要做到這點，辯手應該：

- 重新定義關鍵字，確保己方立論優勢
- 提前預測對手論點，準備有效反駁策略
- 運用「以攻為守」，透過提問削弱對方說服力

透過這些策略，辯手將能夠在辯論場上出奇制勝，牢牢掌握勝利的主動權。

## 先發制人，搶占先機

在辯論中，**搶占主導權**是決定勝負的關鍵戰術之一。**當己方能夠率先界定辯題、建立討論框架，並搶占論述主導權時，對手將被迫進入己方的思維範圍，從而失去攻擊優勢。**

## 精準界定辯題，掌握話語權

在辯論伊始，成功的一方往往能夠**明確界定辯題關鍵字，限制對手的發揮空間**，確保己方能夠從優勢角度展開論述。

### 案例分析：「電子支付是否應該全面取代現金？」

正方（支持電子支付全面取代現金）：

- 電子支付提高交易便利性，減少找零與假鈔風險。
- 促進金融科技創新，提升經濟發展與消費體驗。
- 無現金交易能有效打擊非法交易，如洗錢與逃稅。

反方（反對全面取代現金）：

- 部分地區數位基礎設施不足，現金仍不可或缺。
- 電子支付存在隱私風險與資安問題。
- 一部分長者與弱勢族群更依賴現金，全面取代將影響他們的生活。

### 策略：先發制人，重新定義「取代」的含義

若正方想掌握主導權，可以**在開場時明確「取代」的定義**，降低對手的攻擊力：

- 「取代」不代表完全禁止現金，而是讓電子支付成為主要交易方式。

第一章　未雨綢繆：辯論賽的準備與強化

- **許多國家已經逐步邁向「無現金社會」，這是一種全球趨勢。**
- **電子支付技術不斷進步，未來可解決偏遠地區的普及問題。**

透過這樣的策略，反方原本準備好的「現金仍然重要」的論點將被削弱，因為正方已經將「取代」解釋為一種趨勢，而非立即淘汰現金。

## 預測對手策略，提前設計應對方案

除了主動界定辯題，另一個先發制人的關鍵是**提前預測對手可能的攻擊點，並設計相應的應對策略。**

### 案例分析：「是否應該提高基本工資標準？」

**正方（支持提高基本工資）：**

- 提高薪資能改善勞工生活，減少貧富差距。
- 更高的薪資能促進消費，進而帶動經濟成長。
- 企業獲利提升後，有能力提供更合理的薪資待遇。

**反方（反對提高基本工資）：**

- 提高薪資可能加重企業負擔，導致裁員與倒閉潮。
- 人工成本上升可能使企業轉向自動化，減少就業機會。
- 部分產業（如農業、小型工業）可能無法承受薪資調漲壓力。

## 策略：先發制人，拆解「企業負擔論」

若正方希望搶占主導權，可以在開場時提前反駁反方的核心論點——「提高工資會增加企業負擔」：

- **企業負擔應視產業類別而定，並非所有企業都無法承受工資調整。**
- **提升基本工資能提高勞工生產力，長期而言對企業有利。**
- **政府可透過稅收優惠或補貼減輕企業負擔，避免裁員潮。**

這樣的策略能夠削弱對手的攻擊力，使對方無法輕易利用「企業成本上升」來反駁己方論點。

## 運用「反向設問」，主動挑戰對手框架

當己方處於防守位置時，最佳的先發制人戰術便是**透過反向設問，迫使對方回答難題，從而削弱對手的論述優勢。**

## 案例分析：「新能源車是否應全面取代燃油車？」

正方（支持全面取代燃油車）：

- 新能源車有助於減少碳排放，符合全球環保趨勢。
- 政府補貼與技術進步將使新能源車普及率提高。
- 燃油車汙染嚴重，應逐步淘汰。

**反方（反對全面取代燃油車）：**

- 充電基礎設施尚未完善，影響長途行駛便利性。
- 電池生產與回收仍會產生汙染，未必比燃油車更環保。
- 燃油車在特定場景（如寒冷地區、長途貨運）仍具優勢。

### ▌策略：反向設問，讓對方陷入困境

若反方希望先發制人，可以透過以下問題削弱正方論點：

- 「電池製造過程本身也會產生大量碳排放，是否真的比燃油車更環保？」
- 「許多開發中國家基礎設施落後，全面取代燃油車是否會導致交通發展停滯？」
- 「如果新能源車如此完美，為何全球仍有大量企業持續投資燃油車技術？」

這類提問能迫使正方回答棘手問題，削弱其論述強度，使評審與觀眾對「全面取代燃油車」的可行性產生懷疑。

## 結論

在辯論中，先發制人的關鍵在於：

- **重新定義辯題關鍵字，確保己方立論優勢。**
- **提前預測對手論點，準備有效反駁方案。**

- 透過「反向設問」，讓對方陷入論證困境。

透過這些策略，辯手將能夠在辯論場上搶占主導權，不僅掌握話語權，也能最大程度削弱對手的攻擊力，最終實現「出奇制勝」的辯論策略。

# 定義正名，揭示實質

在辯論中，**概念界定**是決定勝負的重要策略之一。當辯題存在**歧義、模糊性或容易產生不同解釋時，搶先對關鍵字進行定義**，就能有效主導討論框架，讓對方陷入己方的論述節奏。

## 定義概念，確保論述方向

歷史上，許多知名辯手都擅長運用「定義正名」來化解辯論困境，甚至扭轉劣勢。例如：

### 案例分析：「應該推動科技監管還是自由創新？」

正方（支持科技監管）：

- 過度自由可能導致技術濫用，例如個資外洩、網路犯罪等。
- 科技發展過快，若無法有效監管，可能帶來社會不公平現象。
- 政府監管能確保科技發展符合道德標準，減少潛在風險。

## 第一章　未雨綢繆：辯論賽的準備與強化

**反方（支持自由創新）：**

- 過度監管會扼殺創新，使企業失去競爭力。
- 科技進步應由市場機制調節，而非政府干預。
- 監管政策往往落後於技術發展，可能產生適得其反的效果。

### 策略：重新定義「監管」與「自由」

若正方希望搶占主導權，可以在開場時**重新定義「監管」與「自由創新」的關係**：

- 「監管」不是限制創新，而是確保科技發展符合社會利益。
- 「自由創新」不代表無序發展，而是應該在規範之內尋求最大效益。
- 許多國家已經透過「科技倫理規範」成功平衡監管與創新，例如對人工智慧與基因編輯的法規調整。

這樣的策略，使反方「政府不應干預」的論點顯得片面，因為正方已經將「監管」詮釋為**合理的引導**，而非全面限制，從而讓評審與觀眾更容易接受己方論述。

## 預測對方解讀，主動奪取定義權

在辯論中，某些詞彙往往帶有強烈的價值判斷，若己方能先行定義，就能**降低對方的攻擊力，並掌控話語權**。

定義正名，揭示實質

## ■ 案例分析：「現代社會應該鼓勵競爭還是合作？」

**正方（支持競爭）：**

- 競爭能激發個人潛力，提高社會生產力。
- 企業間的良性競爭有助於科技與經濟發展。
- 歷史證明，市場經濟與自由競爭能帶動創新。

**反方（支持合作）：**

- 過度競爭可能導致貧富差距加劇，影響社會公平性。
- 企業若能攜手合作，將能創造更多共贏機會。
- 許多全球性挑戰（如氣候變遷、疫情防控）需要國際合作，而非單打獨鬥。

## ■ 策略：定義「競爭」與「合作」的關係

反方若想掌握主導權，可以**先行解釋「合作並非排斥競爭，而是競爭的一部分」**：

- 合作與競爭不是對立概念，而是相輔相成的發展模式。
- 市場經濟中的「競爭」，往往以「合作」為基礎，例如供應鏈合作、跨國聯盟等。
- 歷史上的成功企業（如某些知名科技公司）在競爭的同時，也透過策略合作拓展市場。

透過這種策略，反方成功避免了被標籤為「反對競爭」，同時也**將競爭納入合作框架之內，使己方論點更具說服力**。

## 創造新概念，引導論述走向

有時候，直接沿用對方框架討論會讓己方處於劣勢，此時便可以**創造新概念**，重新塑造議題核心。

■ 案例分析：「AI 是否應取代傳統教育模式？」

正方（支持 AI 取代傳統教育）：

- AI 教學能根據學生個人特質調整課程，提高學習效率。
- AI 能消除師資差距，讓更多學生獲得平等的學習機會。
- AI 教育系統可全天候運作，提升學習資源的可及性。

反方（反對 AI 取代傳統教育）：

- 教育不僅是知識傳授，更需要師生互動與人格塑造。
- AI 缺乏人類的情感與道德判斷，難以替代老師的教育角色。
- AI 可能帶來數據濫用與監控問題，影響學生隱私權。

■ 策略：創造「智慧教育模式」的新概念

若反方希望打破正方「AI 必然是未來」的框架，可以提出「智慧教育模式」，重新界定討論方向：

- AI 不應「取代」傳統教育，而是「輔助」人類教師，形成「智慧教育模式」。
- 教育的本質不僅是知識傳授，更包含價值觀塑造、批判性

- 思考等，這些都需要人類教師參與。
- 「智慧教育模式」融合 AI 技術與傳統教育優勢，才能真正提升教育品質。

透過創造「智慧教育模式」的概念，反方不僅成功擺脫了「反對科技」的標籤，還讓己方論點顯得更具未來視野。

## 結論

在辯論中，**定義正名的關鍵在於：**

- 重新界定辯題關鍵字，確保己方立論優勢。
- 預測對手的可能解讀，提前設定最佳的話語框架。
- 創造新概念，改變討論方向，讓己方論述更具說服力。

透過這些策略，辯手將能夠**在辯論場上牢牢掌控話語權，不僅削弱對手攻勢，更能讓己方的論述更加清晰有力，最終奪取勝利！**

## 高屋建瓴，雄辯有力

在辯論中，**站得越高，看得越遠，說服力就越強。**當己方能夠從總體視角切入，不僅能擴大論述範圍，更能居高臨下地包容對方論點，使對手陷入己方框架之內，從而削弱對方攻擊

力。這種戰術，稱為「高屋建瓴」，意指以宏觀視角統攝全域，主導論辯方向。

## 透過「概念升級」，擴大論述高度

有時，辯題的兩個選項可能看似對立，但實際上可以納入更高層次的概念之中。當己方能夠運用「概念升級」，將爭論點放入更廣闊的框架，便能讓對方的論點顯得狹隘或片面，進而削弱其影響力。

### 案例分析：「環保與經濟發展，孰輕孰重？」

**正方（環保優先）：**

- 環境保護是可持續發展的基石，忽視環保將造成長遠經濟損失。
- 全球氣候變遷加劇，若不採取行動，經濟最終也將受損。
- 環保產業可創造新經濟動能，如綠能技術、新材料等。

**反方（經濟發展優先）：**

- 開發中國家仍處於經濟成長階段，過度環保管制可能拖慢經濟進步。
- 環保政策若執行不當，可能導致企業倒閉、失業率上升。
- 只有強大的經濟基礎，才能有資源投入環境保護。

## 策略:「可持續發展」概念升級

若正方希望掌握主導權,可以將辯題升級至「**可持續發展**」**層次**,讓環保與經濟不再是對立選項,而是同一策略的一部分:

- **經濟發展與環保不應是零和賽局,而應該是「可持續發展」的一環。**
- **許多國家已證明「綠色經濟」不僅促進環保,還能帶來長期經濟利益。**
- **若犧牲環保來換取短期經濟成長,未來將付出更大代價來修復環境,得不償失。**

這樣的策略,使反方「環保影響經濟發展」的論點變得不再成立,因為正方已將兩者視為互補,而非對立關係。

## 透過「橫向拓展」,讓對手論點顯得局限

除了提升論述層次,另一種「高屋建瓴」的策略是**橫向拓展議題**,即在論證過程中,將討論範圍從單一領域擴展至多個層面,使對方的論點顯得狹隘或片面。

### 案例分析:「是否應該推動遠距工作模式?」

正方(支持遠距工作):

- 可提升員工工作效率與生活品質。

- 降低企業租賃辦公室的成本,提高經營彈性。
- 減少通勤碳排放,符合環保趨勢。

**反方(反對遠距工作):**
- 缺乏面對面交流,影響團隊合作與創新能力。
- 遠距工作可能導致監督難度增加,降低企業管理效率。
- 無法適用於所有產業,如製造業、醫療等需要現場工作的領域。

### ■ 策略:「橫向拓展」論述角度

若正方希望強化己方論點,可**將遠距工作效益擴展至社會、經濟與環境層面**,使對方論點顯得過於狹隘:

- **不僅提升個人效率,還能改善社會交通問題,減少尖峰時段壓力。**
- **推動遠距工作,能促進數位科技應用,如雲端合作、智慧辦公等,帶動新經濟模式。**
- **部分企業已透過混合模式(部分遠距、部分實體),成功兼顧效率與團隊合作,顯示遠距工作可行性。**

透過這樣的策略,反方「團隊合作受影響」的論點將顯得過於狹窄,因為正方已將討論層次擴展至**科技發展、都市規劃與環境永續**,從而主導整場辯論。

## 透過「歷史與國際比較」，增強論述說服力

「高屋建瓴」策略的另一種展現方式，是運用**歷史與國際案例**來增強己方論述的說服力，使對方難以駁斥。

■ 案例分析：「是否應該實行四天工作制？」

正方（支持四天工作制）：

* 員工工作時數減少後，能提高工作效率與幸福感。
* 企業仍能維持生產力，同時降低加班與過勞風險。
* 部分國家試行後，發現整體經濟並未受損，反而促進創新與生產力提升。

反方（反對四天工作制）：

* 縮短工作時間，可能影響企業營運與客戶服務。
* 部分產業（如醫療、零售）難以適用，導致制度不公平。
* 勞工薪資可能受影響，影響經濟穩定。

■ 策略：「運用國際與歷史案例」強化己方論述

若正方希望增強說服力，可以舉出**成功案例**，讓對方難以反駁：

* 冰島、比利時等國家已試行四天工作制，並發現員工滿意度與生產力提升，企業經濟表現未受影響。

## 第一章　未雨綢繆：辯論賽的準備與強化

- 歷史上，從六天工作制到五天工作制的改革，最初也遭到質疑，但最終證明有助於提升勞工福祉與經濟發展。
- 透過行業別調整政策（例如醫療業維持輪班制度），可確保制度公平性，不影響關鍵產業營運。

這樣的策略，使反方「四天工作制影響經濟」的論點顯得站不住腳，因為已有**國際與歷史成功經驗作為證據**，證明此模式具有可行性。

### 結論

在辯論中，「**高屋建瓴**」策略的關鍵在於：

- 透過「**概念升級**」，提升論述層次，讓對方論點顯得局限。
- 運用「**橫向拓展**」，將討論範圍擴展至更多領域，削弱對手攻擊力。
- 引用「**歷史與國際比較**」，提供強而有力的案例支援，增強論述說服力。

透過這些策略，辯手將能夠**在辯論場上居高臨下**，不僅削弱對手攻擊力，更能讓己方的論述更具權威性，從而主導整場比賽，奪得勝利！

# 拓寬思路，準備充足

在辯論中，**靈活的思維與充分的準備**是決定勝負的關鍵。當己方能夠從多個角度思考辯題，並預測對手的策略，便能有效設計論述框架，確保己方在攻防兩端皆占據優勢。這種策略強調**思維的廣度與深度**，不僅能提升己方論點的說服力，還能削弱對方攻擊力，讓對手無法輕易找到破綻。

## 預測對手策略，制定最佳應對方案

優秀的辯手不僅要強化己方論述，更要能夠**預測對手可能的策略**，並事先設計最佳應對方案。

■ 案例分析：「科技發展是否會削弱人類創造力？」

**正方（科技發展削弱創造力）：**
- AI 取代人類思考，減少個人創造與批判性思維的機會。
- 自動化與科技便利導致人類變得依賴科技，減少獨立思考能力。
- 過度依賴科技，可能讓藝術、文學等領域的創造力下降。

**反方（科技發展不會削弱創造力）：**
- 科技為創意提供更廣闊的發展空間，如 AI 輔助設計、創作。

## 第一章　未雨綢繆：辯論賽的準備與強化

- 科技讓更多人獲得知識與資源，反而提升創造力。
- 歷史證明，每一次科技革新都帶來新型創意產業與創作模式。

### ■ 策略：預測對手思路，制定反擊點

若反方希望掌握主導權，可以預測正方可能的攻擊方向，並提前設計應對方案：

- 「科技發展導致人類變得依賴」→強調科技並非取代人類思考，而是提升創造力的工具，如 AI 幫助科學研究、藝術創作。
- 「AI 取代人類創造」→強調 AI 只能輔助創造，無法真正取代人類的想像力與情感表達。
- 「科技讓創意減少」→提出歷史證據，如攝影技術誕生後，繪畫藝術不但沒有消失，反而發展出抽象畫、立體派等新流派。

透過這樣的準備，反方不僅能有效回應正方論點，還能讓對方的攻擊顯得站不住腳，進而主導辯論節奏。

## 強化論述層次，避免論點過於單薄

在辯論中，若己方論點過於單一，容易被對手輕易攻破。因此，準備辯題時，應從理論、歷史、現實、價值等多個層面拓展論述，使己方論點更具深度與廣度。

## ■ 案例分析：「社交媒體是否正在加劇社會分裂？」

**正方（社交媒體加劇社會分裂）：**

- 社交媒體的「回音室效應」使人們只接收符合自身觀點的資訊，導致極端化現象。
- 假新聞與誤導資訊透過社交媒體快速傳播，影響公共輿論。
- 社交平臺的演算法為了提升用戶黏著度，刻意推送激化對立的內容。

**反方（社交媒體不會加劇社會分裂）：**

- 社交媒體讓不同群體有機會交流，促進多元文化理解。
- 許多社交平臺已建立審查機制，降低假新聞與仇恨言論的影響。
- 社交媒體提供公民參與公共事務的新機會，促進民主討論。

## ■ 策略：拓展論述層次，使己方論點更具說服力

若正方希望加強論點，可以從以下層面拓展論述：

- **理論層面**：引用資訊學理論，說明社交媒體如何透過演算法影響用戶認知，使回音室效應現象加劇。
- **歷史層面**：分析傳統媒體與社交媒體的區別，說明為何社交媒體的分裂效應比以往更嚴重，例如傳統媒體有編輯把關，而社交媒體缺乏審核機制。

第一章　未雨綢繆：辯論賽的準備與強化

- **現實層面：舉例社交媒體如何影響政治局勢**，如某些選舉中，社交媒體上的虛假資訊如何影響選民決策。
- **價值層面：探討社會共識的崩解問題**，說明當社交媒體放大社會矛盾時，將影響民主機制的運作。

透過這樣的準備，正方不僅能從多個角度支撐己方論點，還能讓對方的論點顯得過於單薄，從而提升己方的說服力。

## 建立「防守機制」，確保己方論述不被擊破

除了拓展論點，辯手還需要思考**可能的攻擊點**，並提前設計「防守機制」，確保己方立論不會被對手輕易攻破。

### 案例分析：「是否應該禁止人工智慧自動決策？」

正方（支持禁止）：

- AI 自動決策缺乏道德判斷，可能導致歧視性結果。
- AI 在法律、醫療等領域的決策，可能對人類權益造成無法挽回的影響。
- AI 的數據來源可能帶有偏見，導致不公平決策。

反方（反對禁止）：

- AI 能提升決策效率，減少人為錯誤。
- 透過適當監管，可降低 AI 可能產生的負面影響。
- AI 目前已廣泛應用，全面禁止不具可行性。

### 策略：建立防守機制，確保論點穩固

若正方希望讓論點更加穩固，可以預測對手的攻擊點，並設計防禦論述：

- 「AI 只是工具，問題在於使用者」→強調 AI 決策的關鍵問題是演算法內建偏見，而非單純使用者問題。
- 「監管可以解決 AI 風險」→指出目前監管機制尚未成熟，許多 AI 決策仍存在漏洞，無法有效避免風險。
- 「AI 提升效率，因此應該保留」→舉出 AI 決策導致嚴重後果的案例，如某些金融機構因 AI 誤判導致用戶權益受損。

透過這樣的準備，正方能夠在對手發起攻擊時迅速回應，確保己方論述不會輕易被推翻。

## 結論

在辯論中，**拓寬思路與充分準備的關鍵在於**：

- 預測對手策略，提前設計最佳反擊方案。
- 拓展論述層次，從理論、歷史、現實、價值等多角度支撐己方論點。
- 建立防守機制，確保己方立論穩固，避免被對手輕易攻破。

透過這些策略，辯手將能夠**在辯論場上全面掌控論述方向，不僅強化己方論點**，更能有效壓制對手攻勢，最終奪得勝利！

第一章　未雨綢繆：辯論賽的準備與強化

## 立論創新，另闢蹊徑

在辯論中，**如何突破常規思維，讓己方論點更具吸引力與說服力**，是決定勝負的關鍵之一。傳統的「直線對抗」模式容易使辯論陷入膠著，而若能**透過巧妙的觀點轉換、偷換論題或另闢蹊徑**，重新定義辯題關鍵字，就能為己方創造有利的討論空間，掌控比賽節奏。

### 重新定義辯題，讓對手陷入己方框架

■ **案例分析：「科技發展是否加劇社會不平等？」**

**正方（科技發展加劇社會不平等）：**

- 高科技的發展往往先惠及富人，使貧富差距進一步擴大。
- 教育資源的數位化，使得富裕家庭的孩子獲得更多優勢，窮人反而難以適應。
- AI、自動化導致部分低技術工人失業，加劇社會階層固化。

**反方（科技發展不會加劇社會不平等）：**

- 科技創造新產業與就業機會，提升整體社會福祉。
- 透過政策與科技應用，可降低貧富差距，例如遠距教育與數位金融。

- 歷史上，科技發展通常伴隨社會進步，例如工業革命提升了整體生活水準。

### 策略：「重新定義不平等」，讓己方論述更具優勢

若正方希望掌握主導權，可以**先行定義**「社會不平等」，將討論方向轉向更具說服力的角度：

- 「不平等」不僅指「財富差距」，更涵蓋「機會不均」、「資訊落差」等面向。
- 即便科技能提升某些群體的經濟狀況，但若無法普及到所有社會階層，則仍構成「科技造成的不平等」。
- 即使整體社會進步，若科技讓弱勢族群無法跟上，則相對剝奪感將進一步加劇，社會矛盾更深。

透過這樣的策略，反方「科技提升社會整體福祉」的論點將變得較難成立，因為正方已將討論方向鎖定在「機會分配」與「科技普及度」上，而不僅是「科技是否帶來經濟發展」。

## 透過「偷換論題」，巧妙避開己方劣勢

### 案例分析：「遠距工作是否應成為主流？」

正方（支持遠距工作成為主流）：

- 遠距工作提升員工生活品質，減少通勤時間與成本。

## 第一章　未雨綢繆：辯論賽的準備與強化

- 科技進步讓線上合作變得更高效，無需依賴辦公室環境。
- 遠距工作降低企業租賃成本，符合現代企業經營需求。

**反方（反對遠距工作成為主流）：**

- 遠距工作影響團隊合作與創意交流，降低工作效率。
- 員工在家難以維持工作紀律，容易影響生產力。
- 許多行業（如製造業、醫療、教育）仍需要現場作業，難以遠距化。

### ▪ 策略：「偷換論題」，讓己方掌握話語權

若正方希望強化己方論述，可以**將討論範圍從「遠距工作 vs. 傳統辦公」偷換成「遠距＋混合辦公模式 vs. 單一辦公模式」**，使己方立場更具合理性：

- 遠距工作不必完全取代傳統辦公，而應該與現場工作模式「融合」，創造更靈活的工作環境。
- 混合辦公模式已在許多國家試行，證明其可行性與效率，如某些科技公司每週讓員工回辦公室 1～2 天進行團隊合作，其餘時間則遠距工作。
- 若以「適合遠距的行業應該採用遠距工作」為討論基礎，則顯示遠距工作確實能成為主流的一部分，而不需要完全取代所有工作模式。

透過這種論題轉換策略,正方成功避開「某些行業無法遠距」的質疑,並讓對方的「遠距影響效率」變成「傳統辦公也有低效率問題」,從而使己方論點更具說服力。

## 轉換論證標準,讓對手難以反駁

### 案例分析:「是否應該全面推動素食主義?」

**正方(支持全面推動素食):**
- 畜牧業造成環境汙染,推動素食可減少碳排放。
- 素食對健康有益,降低心血管疾病與肥胖率。
- 動物權益應受到重視,減少動物屠宰是文明社會的進步。

**反方(反對全面推動素食):**
- 素食並非適合所有人,例如某些營養需求較高者仍需動物蛋白。
- 畜牧業是全球重要經濟產業,全面推動素食可能影響農業與經濟穩定。
- 人類的飲食選擇應該基於個人自由,而非政策強制。

### 策略:「轉換論證標準」,讓己方論點更具普遍適用性

若正方希望占據主導地位,可以**轉換論證標準**,將「素食是否應該全面推動」轉為「素食應該如何推動」,讓討論變得更易接受:

## 第一章　未雨綢繆：辯論賽的準備與強化

- 「全面推動素食」不代表「強制素食」，而是透過政策鼓勵，例如提供更多素食選擇、降低素食價格等。
- 政府可透過教育與公眾宣導，讓更多人了解素食的好處，而非強迫實行。
- 素食與肉食並非絕對對立，推動素食不代表完全取締畜牧業，而是鼓勵更永續的飲食習慣，如減少過度消費肉類。

透過這種論證標準轉換，反方的「個人自由」與「經濟影響」論點將變得較難成立，因為正方並未要求「全面禁止肉食」，而只是「鼓勵素食」，讓己方立場更容易獲得支持。

## 結論

在辯論中，立論創新的關鍵在於：

- **重新定義辯題**，確保己方立場更具優勢。
- **透過偷換論題**，巧妙避開己方劣勢，讓對手難以攻擊。
- **轉換論證標準**，使己方論點更具普遍適用性，降低對方反駁空間。

透過這些策略，辯手將能夠**在辯論場上掌控全域**，不僅削弱對手攻勢，更能讓己方論述顯得更加創新且富有說服力，從而奪得勝利！

# 方向定準，巧設立論

在辯論中，**立論的方向決定了整場辯論的基調與勝負走向。**一支成功的辯論隊伍，必須在立論時精準定義關鍵字，確立最有利的論證方向，讓己方論點立於不敗之地，同時讓對手陷入己方設置的框架中，使其難以有效反駁。

## 精準定義，確立最佳立論角度

**案例分析：「科技發展能消除貧富差距」**

正方（科技發展能消除貧富差距）：

- 科技發展推動產業升級，創造新興就業機會，提高低收入人群的經濟水準。
- 網際網路技術縮小資訊鴻溝，使教育與金融服務更普及，讓更多人享受科技紅利。
- 共用經濟與自動化生產降低成本，讓貧困地區也能獲得優質商品與服務。

反方（科技發展無法消除貧富差距）：

- 科技資源主要掌握在富人手中，導致「贏者通吃」，貧富差距反而擴大。

## 第一章　未雨綢繆：辯論賽的準備與強化

- 自動化與人工智慧取代低技術勞動力，導致部分人失業，進一步加劇貧困。
- 科技發展雖能提升整體經濟，但並非所有人都能公平受益。

### ◼ 策略：「重新定義消除」，讓己方論述更具優勢

在這場辯論中，「消除」是關鍵字，雙方對其定義將決定討論方向。

若正方直接定義「消除」為「完全消滅」貧富差距，**將處於劣勢**，因為歷史經驗顯示，貧富差距難以完全消失，反方可輕鬆攻擊此點。

**因此，正方可以重新定義「消除」為「顯著減少並改善貧困群體的生活水準」**。這樣的定義不僅符合現實，也讓己方論證更容易成立。

立論示例（正方）：

「我們所說的『消除』，並非指徹底讓所有人財富完全相等，而是指透過科技發展，讓社會整體的貧困率顯著下降，讓貧困人群有更多機會提升自身經濟水準。」

這樣一來，反方的「科技發展無法讓所有人財富相等」就變成了無效攻擊，因為正方的立論根本沒有要求「完全消滅貧富差距」，而是「顯著縮小差距」，反方將難以反駁。

方向定準，巧設立論

## 避免陷入對手設置的論證陷阱

### 案例分析：「環保與經濟發展，孰輕孰重？」

**正方（環保更重要）：**

- 環境破壞將導致資源枯竭，長遠來看反而阻礙經濟發展。
- 空氣汙染與氣候變遷已成全球危機，環保是當務之急。
- 可持續發展模式能同時兼顧經濟與環保，避免「先汙染後治理」的惡性循環。

**反方（經濟發展更重要）：**

- 經濟是國家發展的基石，沒有經濟發展，環保政策也難以落實。
- 許多國家在發展初期都以經濟為主，待國力提升後，再投資環保改善。
- 開發中國家仍需經濟成長帶動脫貧，若過度強調環保，可能導致經濟停滯。

### 策略：正方如何避免陷入「經濟與環保對立」的陷阱？

此辯題的核心陷阱在於，反方會試圖將環保與經濟發展對立起來，迫使正方做出「環保犧牲經濟」的選擇。

- 如果正方順著這條思路走，就會陷入「經濟與環保無法並存」的困境。

- 因此，正方應強調「環保與經濟可並存」，避免被反方牽著走。

  立論示例（正方）：

  「環保與經濟從來不是對立的關係，而是一種互相促進的動態平衡。我們認為，長遠來看，環保才是經濟發展的根基。試想，若因為環境破壞導致農業歉收、氣候災難、能源短缺，經濟又如何持續成長？」

  透過這種方式，正方巧妙地將立論方向轉變為「環保是經濟發展的基石」，而非「環保犧牲經濟」，這樣反方將無法輕易駁斥正方的論點。

## 精準設立對比，凸顯己方優勢

### 案例分析：「傳統文化是否應該現代化？」

正方（傳統文化應該現代化）：

- 文化應與時俱進，若不適應現代社會需求，將逐漸被淘汰。
- 傳統文化與現代科技、產業結合，可創造更多價值，如文創產業的興起。
- 不斷發展的社會需要新的文化內容，固守傳統將導致文化停滯。

**反方（傳統文化應保持原貌）：**

- 傳統文化代表民族根基，應保持其原始特色，不應因外界變化而改變。
- 現代化可能導致傳統文化淪為商業產品，失去其精神價值。
- 許多國家已成功保存傳統文化，如日本仍保留武士道精神，韓國仍維持儒家禮儀。

### 策略：正方如何建立強有力的對比？

若正方單純強調「文化要發展」，反方可能反駁：「並非所有文化都應該改變，某些傳統價值值得保留。」

因此，正方應該建立**清晰的對比**，讓聽眾直觀感受到傳統文化「原封不動」與「適應現代化」的差異，從而強化己方立場。

**立論示例（正方）：**

「文化的生命力來自於它的適應性。我們不妨看看歷史，中國的漢字曾經是象形文字，但為了適應書寫與印刷需求，逐漸演變為今天的簡化字；京劇曾經只為貴族服務，現代卻能走向世界舞臺，吸引不同文化背景的人欣賞。試問，若我們堅持文化應該原封不動，今日的漢字、京劇，還能被現代社會接受嗎？」

透過具體案例，正方不僅強化了「文化應該適應社會發展」的立場，也讓反方「保持傳統文化原貌」的論點顯得過於保守，使己方立論更具說服力。

第一章　未雨綢繆：辯論賽的準備與強化

## 結論

在辯論中，方向設定與立論技巧決定了整場比賽的走向與最終勝負：

- **精準定義關鍵字，讓己方論述更具優勢。**
- **避免陷入對手的論證陷阱，確保己方論點不受牽制。**
- **透過強有力的對比，讓己方立場更加突出，削弱對手論證力度。**

透過這些策略，辯手將能夠在辯論場上掌控全域，使己方立論更具影響力，並最終奪得勝利！

## 攻擊是最好的防守

在辯論中，**被動防守往往會讓己方陷入困境，而主動攻擊則能掌握主導權，讓對手跟著你的節奏走。**但這裡的「攻擊」並不是無理取鬧或激怒對手，而是**透過邏輯嚴密的質疑、層層遞進的反問，以及巧妙的策略，逼使對方陷入無法自圓其說的境地。**

## 設置問題陷阱，逼對方承認己方觀點

在辯論中，透過精心設計的提問，讓對手無法否認某些事實，進而被迫接受己方的立場，是一種極具殺傷力的攻擊策略。

■ 案例分析：「科技發展是否能消除貧富差距？」

如果己方主張「科技發展能縮小貧富差距」，而對方則認為「科技發展會加劇貧富差距」，可以使用層層遞進的問題讓對方陷入困境：

第一步：設置對方難以否認的事實

「對方是否同意，科技發展讓更多人獲得資訊和教育機會？」

這是一個對方難以否認的事實，因為網際網路、線上學習等的確讓知識更容易取得。

第二步：引導對方承認科技發展帶來的公平性

「那麼，這是否意味著科技發展能幫助弱勢族群提升競爭力？」

若對方承認這一點，便間接承認科技發展有助於縮小貧富差距。

第三步：進一步推導己方立場

「既然科技能讓更多人獲得知識和工作機會，為何說它只會加劇貧富差距？」

這時對方會陷入困境，因為如果他否認這一點，就與前面

的回答矛盾;若承認,則己方立場獲勝。

第四步:逆向推理,削弱對方論點

**「假如科技發展導致貧富差距擴大,那我們是否應該停止科技發展?」**

這個問題能進一步暴露對方論點的荒謬性,因為即使科技發展可能造成某些挑戰,但沒有人會主張完全停止科技發展。

這種方式能讓對方一步步被逼進死角,最後不得不接受己方的論點。

## 以彼之矛,攻彼之盾

這是一種利用對手的言論來反駁對手的方法,透過指出對方的自相矛盾或論點的不一致,讓對方無法自圓其說。

### ■ 案例分析:「環保與經濟發展孰輕孰重?」

如果對方主張「經濟發展更重要」,而己方主張「環保更重要」,可以利用對手的話來反駁他們。

第一步:利用對方的言論製造矛盾

如果對方說:「經濟發展能改善民生,提升人民生活品質。」
**「請問,環境汙染是否會影響民眾的健康和生活品質?」**

這樣對方就會陷入矛盾,因為如果承認環境汙染影響健康,就等於承認經濟發展不能單獨改善民生,環保同樣重要。

第二步：進一步擴大矛盾，強化己方立場

「若經濟發展是以犧牲環境為代價，造成疾病、減少糧食生產、引發極端氣候災害，這樣的經濟發展還值得追求嗎？」

這樣的攻擊不僅反駁對手，也進一步強化己方「環保優先」的觀點，讓對方陷入兩難。

## 先設置合理前提，再誘導對方自陷困境

透過設定一個「合理前提」，讓對方不得不接受這個條件，然後逐步推論出讓對方難以反駁的結論。

■ 案例分析：「現代社會的選才標準是否應以學歷為主？」

假設己方主張「學歷不應該是唯一的標準」，可以這樣設計問題：

第一步：設定對方難以否認的合理前提

「請問對方，您是否同意，一個人的能力並不完全取決於他的學歷？」

這是一個幾乎所有人都會同意的觀點，對方很難直接否認。

第二步：進一步逼近己方立場

「那麼，既然學歷不能完全代表能力，為何要以學歷作為主要的選才標準？」

這樣一來，對方就陷入困境。如果他承認學歷不能代表能

力,那就無法堅持「應該以學歷為主」的立場;如果否認,那就是與常識對立。

## 善用「攻防轉換」,將防守變成進攻

當己方被對方攻擊時,可以利用對方的攻擊點,反將一軍,讓對方的攻擊變成己方的優勢。

### ■ 案例分析:「人性本善 vs. 人性本惡」

假設己方主張「人性本善」,而對方認為「人性本惡」,對方可能會舉出歷史上的戰爭、犯罪等例子來證明人性有惡的一面。

**第一步:接受對方部分觀點,轉化為己方論點**

「對方舉出了許多歷史上的戰爭與罪行,這些確實是人類歷史的一部分。但請問,為何社會會制定法律來懲治這些行為?」

對方可能會回答:「因為社會要維持秩序。」

**第二步:利用對方回答,反駁對方立場**

「那麼,既然社會要懲罰惡行,是否代表人們普遍認為善是應該追求的,而惡應該被遏制?如果人性本惡,為何社會要鼓勵善行而非惡行?」

這樣,對方的「人性本惡」論點就會被削弱,因為**如果人性本惡,人類社會應該會鼓勵惡行,而非制裁它們。**

## 結論

攻擊是最好的防守,但必須建立在**邏輯嚴謹、層層遞進的推理之上**,而非情緒性的發言。

- 設置問題陷阱,讓對方一步步走進己方設置的框架
- 以對方的話來反駁對方,讓對方無法自圓其說
- 透過合理前提,引導對方得出對己方有利的結論
- 將防守轉為進攻,利用對方的攻擊來削弱其立場

透過這些策略,辯手能夠在辯論場上**掌握節奏,引導對話,甚至讓對手「自爆」**,最終奪得勝利!

## 攻心為上,巧言說服

在辯論與說服的過程中,單靠邏輯推理往往不足以說服對方。高明的辯手懂得運用心理戰術,透過語言技巧讓對方在不知不覺中接受己方觀點。這種策略不僅適用於辯論,也廣泛運用在談判、推銷及日常溝通中。

第一章　未雨綢繆：辯論賽的準備與強化

## 語言引導，讓對方自願接受己方觀點

成功的說服不應直接要求對方改變立場，而應透過巧妙的措詞，使對方在心理上逐步接受己方觀點，甚至誤以為這原本就是他的想法。例如：在討論「科技是否應主導人類發展」時，若己方主張科技應主導，而對方認為科技只是輔助，可透過以下方式引導對方：

第一步，讓對方認可科技的重要性，可詢問對方是否同意科技已經深刻改變人類生活。此為對方難以否認的事實，讓對方進入己方的討論框架。

第二步，引導對方接受科技主導的現實，可進一步詢問若科技已影響人類決策，是否意味科技正在主導發展。

第三步，讓對方自己說出己方的觀點，可詢問對方是否同意科技主導人類發展並非選擇，而是現實。當對方點頭或無法反駁時，表示其已部分接受己方立場。

## 以對方的話為基礎，反向操控立場

利用對方的話來證明己方觀點，使對方難以反駁，因為否認便等於否定自己的發言。例如：在討論「環保是否應優先於經濟發展」時，若對方主張經濟發展優先，且認為發展經濟可改善人民生活品質，可詢問對方是否認可乾淨的空氣與水是生活

品質的一部分。此問題對方難以否認，否認則等同於承認汙染有害。

接著，可詢問對方既然環境汙染降低生活品質，那麼環保是否也是經濟發展的一部分。若對方承認此點，則其立場已動搖。

## 營造共識，讓對方覺得雙方立場相近

若讓對方覺得雙方觀點相近，則更容易說服對方。例如：在討論「是否應全面推行遠端工作」時，若己方主張應全面推行，而對方認為遠端工作會降低效率，可先建立共識，例如詢問對方是否同意遠端工作可減少通勤時間並提高生活品質。

接著，可引導對方接受遠端工作與效率提升並不矛盾，例如詢問若透過有效管理方式確保效率，遠端工作是否值得推廣。當對方接受該論點，則其立場已動搖。

## 迂迴說服，讓對方不知不覺接受己方觀點

若直接攻擊對方論點可能引發防禦心理，可透過迂迴方式讓對方誤以為堅持自己的立場，但實際上已接受己方觀點。例如：在討論「人工智慧是否會取代人類工作」時，若己方主張人工智慧不會完全取代人類工作，而對方認為人工智慧會導致大量失業，可先表面上同意對方，例如承認某些工作可能被人工智慧取代。

第一章　未雨綢繆：辯論賽的準備與強化

接著，可轉換焦點，詢問對方是否同意歷史上技術革命雖然淘汰部分工作，卻創造更多產業。例如：工業革命雖淘汰手工業，卻創造更多新職業。

最後，可讓對方得出己方的結論，例如詢問若人工智慧可創造新職業，則與其擔心失業，是否應思考如何適應變革。此時，對方雖表面上堅持人工智慧帶來威脅，但已接受人類可適應人工智慧的觀點。

### 轉移焦點，讓對方間接改變立場

若對方對某觀點極為固執，可透過轉移討論焦點來引導其間接接受己方觀點。例如：在討論「嚴刑峻法是否能有效降低犯罪率」時，若己方主張嚴刑峻法並非解決犯罪的根本方法，而對方認為嚴刑峻法能震懾罪犯，可先讓對方的論點無法直接反駁，例如詢問對方是否同意若貧困與教育問題未解決，則犯罪仍可能發生。

接著，可轉移焦點，詢問若可透過改善教育與經濟來減少犯罪，是否比單純依賴嚴刑峻法更有效。當對方接受此點時，其立場已發生變化。

## 結論

- 高明的說服技巧在於心理引導，而非強硬施壓。
- 語言引導可讓對方主動接受己方觀點。

- 利用對方的話可使其無法反駁。
- 先建立共識，再逐步擴展觀點。
- 迂迴說服可讓對方無意間接受己方立場。
- 轉移焦點可讓對方自然改變立場。

透過這些策略，辯手不僅能在辯論中取得優勢，也能在日常溝通、談判及推銷中發揮影響力，達到「言語不激烈，卻能無聲勝有聲」的效果。

## 順題立論，逆題辯駁

### 「我要到國會去！」

歷史上許多成功的辯論案例，都展現了辯手在面對攻擊時如何順勢而為，巧妙立論，進而反擊對方。在政治競選場合，這種能力更是決定勝負的關鍵。

亞伯拉罕・林肯在西元 1843 年競選伊利諾伊州國會眾議員時，對手彼得・卡特賴特利用自身牧師的身分，試圖將林肯描繪成不信仰宗教、甚至不尊重基督教的形象，來打擊他在選民心中的地位。在當時的美國社會，宗教信仰對政治影響極大，若被認為是不虔誠的無神論者，將極大影響選情。

卡特賴特在教堂中故意向所有信徒發問：「願意將心獻給上

第一章 未雨綢繆：辯論賽的準備與強化

帝、進天堂的人請站起來！」全場信徒紛紛站立，隨後他又問：「不願下地獄的人請站起來！」這一次，仍然是全場信徒起立，唯獨林肯坐在原位不動。卡特賴特抓住這一時機，故作嚴肅地問道：「林肯先生，那麼請問，你究竟要去哪裡？」

面對這樣的公開挑釁，林肯沒有慌亂，而是從容不迫地站起來，微笑著回答：「卡特賴特教友的問題非常重要，但我的回答可能與大家有所不同。我想去的地方是 —— 國會。」

林肯機智的回應，既巧妙避開了對宗教信仰的爭議，又幽默地強調了自己的競選目標。他不僅沒有被對方設計的問題困住，反而利用這個機會重申了自己的立場，讓在場的選民印象深刻，最終成功扭轉了選情。

## 巧用順題立論的技巧

林肯的成功應對，展現了辯論中「順題立論」的重要性，即在對方設計的框架內，不是直接迎戰，而是轉化問題，將話語權掌握在自己手中。這種技巧在辯論、演講甚至商業談判中，都極為關鍵。以下是幾種應用策略：

### ▰ 轉移焦點，掌握主導權

面對帶有陷阱的問題，不應直接進入對方設定的討論框架，而是要主動調整焦點。例如：

若對方問:「你是否承認你的政策存在漏洞?」可以回應:「我的目標是讓政策更加完善,因此我們會持續改進,而不是停滯不前。」這樣不僅避免承認「漏洞」,還展現積極進取的態度。

### 以幽默化解攻擊

幽默是一種強大的反擊方式,能在降低敵意的同時,讓聽眾更容易接受己方觀點。林肯的「我要到國會去」就是一個典型例子。他沒有正面與對方爭論宗教信仰問題,而是用一句風趣的話語輕鬆化解對方的攻擊。

### 強化自身立場,避免被牽著走

許多辯論失敗的原因,在於辯手被對方的問題帶入防禦狀態,而無法主動出擊。例如:

若對方攻擊某個經濟政策效果不佳,與其忙於辯解,不如強調政策的長遠目標:「我們的政策不是短期見效,而是為了未來十年的發展鋪路。」

## 結論

辯論不僅是語言的交鋒,更是心理戰的比拼。成功的辯論者懂得如何在對方設置的問題中,找到轉化話題的突破口,並順勢立論,重新掌握局勢。林肯的案例不僅是一場機智的回應,更是一場精準的選舉策略運用,值得所有辯手學習與借鑑。

第一章　未雨綢繆：辯論賽的準備與強化

## 順題立論，逆題辯駁

### 「你得換一塊手錶」── 以幽默化解錯誤

美國第一任總統華盛頓的年輕祕書某天遲到了，當他試圖以「手錶出了毛病」作為遲到的藉口時，華盛頓平靜地回答：「恐怕你得換一塊手錶，否則我就得換一個祕書了。」

這句話既表達了對時間管理的重視，又巧妙地提醒對方，責任不在於手錶，而在於個人的時間觀念。華盛頓沒有嚴厲責罵，而是用一種不容辯駁的方式，使祕書明白「準時」是工作基本要求，這種幽默而嚴肅的批評，比嚴詞指責更具說服力。

### 「養牛專家與成就大業」── 承認不足，展現決心

1979 年，約翰・梅傑競選英國議會議員時，一位農場主當面批評他：「梅傑先生，你對農業所知甚少，這使我頗感驚訝！」

梅傑並未因被質疑而惱怒，反而坦然承認：「先生，您說得對，我不知道牛頭，也不知道牛尾；不過我可以向您保證，只要您投我的票，我將在 24 小時內成為養牛專家。」這位農場主聽後笑著投了梅傑一票。

這種辯論技巧，既表現了梅傑的謙遜，又展示了他願意學習、迅速適應新工作的態度，讓選民對他產生信任。

## 「你還抱著那個女郎嗎？」—— 以反問擊破指責

日本禪學故事中，禪師坦山與道友在泥濘小路上遇見一位無法過河的年輕女子。坦山毫不猶豫地將她抱起，幫助她渡過泥濘。

然而，道友對此事耿耿於懷，直到晚上終於忍不住說：「我們出家人不近女色，特別是年輕貌美的女子，你為何這樣做？」

坦山淡然回答：「我早就把她放下了，你還抱著她嗎？」

坦山用反問的方式，揭示對方的執念。他的身體雖然接觸過女子，但心中無所牽掛，反倒是道友內心不斷糾結，真正「抱著」那位女子的人，其實是道友自己。

這種辯論技巧，運用了巧妙的話題轉換，使對方的指責瞬間失去效力。

## 「我們兩個都是叛徒」—— 以幽默化解身分攻擊

前蘇聯外交部長維辛斯基在聯合國大會上，遭到英國外交官的挑釁：「你是貴族出身，而我的祖輩是礦工，請問我們兩個誰更能代表工人階級？」

維辛斯基不慌不忙地回答：「對的，我們兩個都當了叛徒。」

此話一出，整個會場鴉雀無聲，隨後爆發出雷鳴般的掌聲。

英國外交官試圖用「出身論」來貶低維辛斯基的代表性，但

第一章　未雨綢繆：辯論賽的準備與強化

維辛斯基順勢立論，表明自己雖然來自貴族，但已選擇站在工人階級的一邊，而對方雖出身於工人家庭，卻成為政府官員，也屬於「叛徒」。這種語言藝術，不僅反駁了對手，還使自己站在道德制高點上。

## 「從猿開始與到人猿為止」──
## 反將一軍，揭露對方意圖

　　某次，一位銀行家問大仲馬：「聽說你有四分之一的黑人血統，是真的嗎？」

　　大仲馬坦然回答：「是的。」

　　銀行家繼續追問：「那你的父親呢？」

　　「他有一半的黑人血統。」

　　「你的祖父呢？」

　　「全黑。」

　　「你的曾祖父呢？」銀行家終於問到了底。

　　大仲馬微笑著說：「人猿。」

　　銀行家震驚道：「您開玩笑吧，這怎麼可能？」

　　大仲馬不慌不忙地回應：「我的家族從猿開始，而你的家族到人猿為止。」

　　這場對話，本質上是一場充滿種族歧視意味的挑釁，但大

仲馬不但不生氣，反而用幽默方式反擊，揭露了對方問題背後的貶低意圖，並巧妙地將攻擊轉回對方身上，使對方無言以對。

## 「那隻迷人的猴子是我」── 幽默反駁，化解挑釁

在一次晚宴上，一位年輕美貌的女士帶著戲謔口吻對達爾文說：「聽說您認為人類是由猴子進化而來的，那麼，我也是猴子變的嗎？」

達爾文彬彬有禮地回答：「當然是。不過，您不是普通的猴子，而是一隻長得非常迷人的猴子。」

這句話既維護了自己的學術觀點，又不讓對方難堪，甚至還巧妙地送出了一個讚美，讓整場對話在輕鬆幽默的氣氛中結束。

## 「這裡的馬分好幾等」── 借喻反擊，化解無禮挑釁

隋朝時，南方陳國派使者來訪，隋朝官員為測試其能力，派侯白扮作僕人去試探他。

使者見侯白穿著僕役衣服，便輕蔑地問：「你們國家的馬值多少錢？」

侯白恭敬地回答：「我們這裡的馬分好幾等。第一等是腳力好、長相俊美的坐騎，價值二十千以上；第二等是體格強壯、能馱重物的，價值四五千；至於那些雖然長得肥胖，卻無任何

## 第一章　未雨綢繆：辯論賽的準備與強化

本事，只會整天躺著不動的，那就不值一文。」

使者聽後大驚，明白侯白其實是在暗喻自己：「身為使者，若無真才實學，只憑身分而驕傲，便如同無用的肥馬一樣，一錢不值。」

這種「借喻反擊」的技巧，既避免了直接衝突，又能讓對方清楚感受到自己的錯誤，極具說服力。

## 總結

這些經典的辯論案例，都展現了一個共同的技巧──**順題立論，逆題辯駁。當面對挑釁、指責或不公平的攻擊時，不直接進入對方設定的框架，而是巧妙轉化話題，重新掌握主導權，同時以幽默、借喻或反問的方式，使對方陷入自身邏輯的矛盾。**

在辯論、談判、甚至日常對話中，這些技巧都能幫助我們更有說服力地表達觀點，並在爭論中立於不敗之地。

# 第二章
## 兩難設問，模糊應對

### ■ 智者蘇秦的機智

在戰國時期，蘇秦憑藉自己的遊說之才，遊走於各國之間。有一次，他受邀到齊國與大臣們辯論外交政策。齊國大臣們對蘇秦頗有微詞，認為他巧言令色，便決定當眾為難他。

一位大臣站起來問道：「蘇先生，您經常周旋於各國之間，是否真正忠於我們齊國呢？」

蘇秦微笑著回答：「我若說忠於齊國，恐怕其他國家會認為我是詭辯之徒；若說不忠於齊國，又如何能站在此地為齊國出謀劃策？」

大臣們一時語塞，不知如何反駁，國君見狀大笑，對蘇秦的機智大為讚賞，並當場封他為上卿。

這則故事展現了蘇秦如何巧妙運用「兩難設問」的策略。他不直接回答問題，而是透過反問讓對方陷入兩難，避免自己被對手逼入絕境，最終成功掌握主導權。

## 第二章　兩難設問，模糊應對

### ■ 墨子的智慧對決

墨子與儒家學派經常在各國宮廷中進行辯論。有一次，儒家的一位學者質問墨子：「你主張節儉，反對奢華，那麼如果國君希望百姓豐衣足食，你是否反對？」

墨子平靜地回答：「如果百姓豐衣足食而仍能勤勞，並不影響國家安定，那當然是好事；但如果豐衣足食讓百姓變得懶惰，導致國家衰敗，那就必須節制。」

儒家學者被問得啞口無言，因為無論如何回答，都會陷入矛盾之中。

這是典型的「模糊應對」，墨子並未直接回答「支援」或「反對」，而是根據條件來判斷，成功避開了對手設下的陷阱。

### ■ 蘇東坡與佛印的辯論

蘇東坡與禪師佛印是好友，兩人經常進行機鋒對話。有一天，蘇東坡問佛印：「你看我像什麼？」

佛印笑道：「我看你像一尊佛。」

蘇東坡哈哈大笑：「可是我看你像一坨牛糞！」

佛印不以為意，淡然說道：「心中有佛，看人皆是佛；心中有糞，看人皆是糞。」

蘇東坡聽完，瞬間語塞，明白自己輸了這場辯論。

這場對話中，佛印運用了「兩難設問」的巧妙應對方式，不僅成功反擊，還帶出了深刻的禪理。

### ■ 王安石的妙語回應

宋朝時，王安石推行變法，但遭到許多官員的反對。有一次，一位朝臣質問他：「你的新法能確保百姓不受苦嗎？」

王安石微笑回答：「如果我們什麼都不做，百姓當然不會立即受苦，但未來呢？如果我們採取改革措施，短期內可能會有陣痛，但長遠來看，國家會更強盛。請問，我們該選擇哪一條路？」

朝臣一時無法作答，因為無論回答哪一個選項，都會被王安石的邏輯反駁。

王安石的回應既沒有正面回答問題，也沒有否認困難，而是將問題引導到長遠利益上，巧妙掌握了談話的主導權。

這些案例顯示了在辯論中，如何利用「兩難設問」來讓對手陷入困境，或者運用「模糊應對」來巧妙化解問題，達到出奇制勝的效果。

## 閃避答問，模糊應對

### ■ 以機智閃避尷尬問題

日本一位著名的電影演員到臺灣進行藝術活動時，許多影迷關心這位三十歲仍未婚的明星，便有人問她：「請問您什麼時候結婚呢？」

## 第二章　兩難設問，模糊應對

這位演員微笑著回答:「如果我結婚,就一定會來臺灣度蜜月。」

這樣的回答巧妙地將「何時結婚」的問題轉化為「何地度蜜月」的話題,不僅避開了自己不願公開的私人問題,也讓對方難以繼續追問。

### ■ 雷根的機智應對

美國前總統雷根(Ronald Reagan)曾與大學生進行座談。有位學生問道:「您在大學求學時,是否曾想過有一天會成為美國總統?」

雷根顯然沒有料到這樣的問題,但他反應敏捷,風趣地回答:「我當年主修經濟學,也熱愛運動。但在我畢業時,美國有四分之一的大學生面臨失業,所以我只希望能找到一份工作。後來我當了體育廣播員,然後進入好萊塢當演員。這一切都是五十年前的事了。不過,如今我能成為美國總統,我想早年的學習與經驗對我都有幫助。」

雷根的回答巧妙地閃避了問題的核心,沒有直接回應「是否想當總統」,但仍然圍繞問題展開話題,展現了他的應變能力與親和力。

### ■ 莊伯與父親的智慧問答

根據《呂氏春秋》記載,楚國大臣莊伯想知道時間,便對父親說:「請您去外面看看太陽。」

父親回答：「太陽在天上。」

莊伯不耐煩地問：「那太陽現在怎麼樣了？」

父親淡淡地說：「太陽正圓著呢！」

莊伯繼續追問：「現在是什麼時辰？」

父親微笑著回答：「就是現在這個時辰。」

父親顯然對兒子隨意支使自己感到不滿，於是用「閃避答問」的方式，讓莊伯無法得到確切答案。

## 以反問迴避刁鑽問題

在國際辯論賽中，辯手常利用「閃避答問」的技巧來化解對方的咄咄逼問。例如：在國際華語大專辯論賽中，辯題為「溫飽是談道德的必要條件」。

正方問：「如果一個小孩因為飢餓偷了一塊麵包，您會用道德標準來懲罰他嗎？」

反方不願直接回答，便巧妙地反問：「難道法律中不包含道德觀念嗎？」

這樣的回答不僅成功閃避了問題，也將討論範圍引向法律層面，使正方無法繼續糾纏在道德判斷的細節上。

## 以幽默化解尷尬

一位打扮時尚的富商太太拜訪一位著名作家，問道：「請問，開始寫作的最佳方式是什麼？」

## 第二章　兩難設問，模糊應對

　　作家微笑著回答：「從左到右開始寫。」

　　這句回答不僅閃避了問題，也幽默地嘲諷了這位太太可能對寫作缺乏真正的理解。

### ■ 設定條件來閃避答問

　　一位臺灣外交官在國際場合跳舞時，被一位外國女士問道：「請問您比較喜歡臺灣女性還是外國女性？」

　　這個問題難以作答，若說偏好臺灣女性，可能不夠外交得體；若說偏好外國女性，又可能顯得不愛國。

　　這位外交官機智地回答：「凡是喜歡我的女性，我都喜歡。」

　　透過這種條件設限，他巧妙地迴避了問題，並展現了幽默與機智。

### ■ 以「問題推回法」閃避難題

　　幾年前，韓國某次人體藝術畫展引起熱議。一位外國記者訪問一位年輕的女畫家，問道：「如果讓您擔任人體模特兒，您願意嗎？」

　　這樣的問題在當時社會氛圍下較為敏感，回答「願意」或「不願意」都可能引起爭議。

　　這位畫家冷靜地回應：「這是我的私事，我沒有必要回答。」

　　透過「問題推回法」，她成功避免了可能引發爭議的回應，也維護了個人隱私。

## 以「模糊應對」避開困境

在大專辯論賽中,遇到對方設下的「兩難問題」,模糊應對是一種有效的戰術。例如:在「大學畢業生擇業的首要標準應為發揮專長」的辯論中,當正方問:「如果不發揮專長,收入會高嗎?」

反方則用模糊回答:「這要視個人情況而定,不能一概而論。」

這樣的回應既沒有正面回答問題,也避免了陷入對方的邏輯陷阱。

## 以「設問反擊」破解對方邏輯

在「體育人才外流是否有利於臺灣體育發展」的辯論中,正方問:「因為體育人才外流目前未獲回報,是否就能推斷未來也不會獲得回報?」

反方巧妙地反問:「請問目前是單向外流,您能確保未來一定是雙向流動嗎?」

透過「設問反擊」,反方不僅閃避了對方的問題,還讓對方陷入無法輕易回答的困境。

## 結論

「閃避答問」是一種高超的辯論技巧,適用於以下情境:

- **避免回答沒有充分準備的問題**:如辯論中遇到意料之外的提問,可用幽默或模糊回應來化解尷尬。

## 第二章　兩難設問，模糊應對

- **迴避敏感或私人問題**：如個人隱私或政治敏感問題，透過設問反擊或條件設限來規避。
- **反擊對方的邏輯陷阱**：以問題推回法或模糊應對來化解對方設下的困局。
- **保持談話的主動權**：透過風趣、幽默或巧妙的比喻，將對話引導至有利於己方的方向。

這些技巧在辯論、政治、職場與日常對話中，都能發揮極大的作用，讓自己在言談間展現智慧與機智。

## 邏輯推理，歸納演繹

### 詭辯與反詭辯的較量

論辯法涵蓋多種辯論技巧，最初是以強化較弱的邏輯來達成說服目的。在黑格爾之前，論辯法盛行「使虛偽變成真理」的詭辯術。

在古希臘時期，詭辯術風行一時。例如：哲學家暨數學家畢達哥拉斯曾提出：「時間只是每個瞬間的連續與延長，因此，飛馳的箭應該是靜止的。」

這種看似合理但實則謬誤的說法,當時的物理學難以直接推翻,因為任何試圖反駁者,都會陷入詭辯家的另一層邏輯陷阱。例如:若有人質疑「飛箭是靜止的」,詭辯者可能會反駁:「若飛箭在飛行,那麼世界上沒有任何物體是真正靜止的。地球不也在不停地旋轉嗎?如果我們從瞬間來看,大地、岩石與山嶺和飛箭並無不同,都是靜止的。」

這種「似是而非」的論述,在現代仍然隱然存在。甚至在某些情境下,它可能會與物理學的相對論產生某種程度的相似性。然而,本質上這是一種詭辯,透過邏輯上的漏洞來混淆概念。

## 如何破解詭辯?

面對這類詭辯,若僅用傳統的直接駁斥法,往往會陷入對方設下的陷阱。例如:若有人反駁:「飛箭怎麼可能是靜止的?地球上的萬物都隨地球自轉,飛箭當然也在運動。」詭辯者便會回應:「如果飛箭的飛行方向與地球自轉方向相反,且速度相等,豈不正好靜止?」如此一來,反駁者反而被詭辯者的邏輯反將一軍,陷入「如何證明靜止或運動」的泥沼中。

因此,破解詭辯的關鍵不在於模仿對方的辯論方式,而是要直接攻擊其邏輯漏洞,尋找其理論的「要害」。在「飛箭靜止論」的詭辯中,核心關鍵是「瞬間」這一概念。

第二章　兩難設問，模糊應對

## 破解詭辯的邏輯攻擊法

若要徹底反駁「飛箭靜止論」，可從以下邏輯入手：

### 1. 時間無法被分割為絕對的「瞬間」

時間雖然可以被無限細分，但這並不意味著存在「完全靜止」的瞬間。任何物體在微小的時間內，都會經歷微小的位移，這就是運動。

### 2. 飛箭的運動是連續的

只要時間不是「完全靜止」，物體就不可能「完全靜止」，即便是無限短的時間內，飛箭仍在移動。

### 3. 若瞬間不存在，則「靜止」無法成立

「飛箭靜止論」的前提是建立在「瞬間」的存在之上。然而，物理學並未證明「瞬間」的客觀存在，時間只是無限趨近於零的連續體。因此，「靜止」的前提不成立。

## 結論

破解詭辯的關鍵在於：**不要進入對方的邏輯陷阱，而是找到其論點的根本漏洞，然後加以瓦解。**

在「飛箭靜止論」中，對方所依賴的論據是「瞬間」這一概念，一旦證明瞬間無法絕對成立，那麼整個論點便會崩潰。因此，對於這類詭辯，我們應採取的策略是：

- **識破詭辯者的核心謬誤**——找出對方論點的致命弱點。
- **避免直接進入對方的邏輯框架**——不被對方誘導至無意義的辯論。
- **利用正統邏輯來反駁**——從理論與科學角度推翻對方的基礎論據。

透過這種方式，我們不僅能擊破詭辯者的謬論，還能讓自己的論點更具說服力與嚴謹性。

## 破解悖論的關鍵

雖然「阿基里斯與烏龜」的推理過程看似嚴謹，但它的核心謬誤在於**錯誤地理解了**「**無窮分割**」**的概念**。以下幾點可以解釋這個悖論為何不成立：

### 1. 時間是有限的，不會無限延長

季諾的推理建立在「阿基里斯必須經歷無窮多個步驟才能趕上烏龜」的假設上，但這種想法並不符合現實。雖然數學上可以將阿基里斯追趕烏龜的過程細分為無數個階段，但這些時間片段會快速累積到一個有限值，並不會真的「無限長」。換句話說，阿基里斯需要的時間雖然可以細分成許多部分，但加總起來仍然是有限的，因此他一定能追上烏龜。

第二章 兩難設問，模糊應對

### 2. 無窮細分不代表無窮長

季諾的推理利用了「無窮數列」的概念，讓人誤以為這些細分步驟的總和是無窮的。但事實上，當我們不斷把距離與時間縮小，即使分割再多次，總和仍然是一個有限的數值，這意味著阿基里斯仍然可以在有限時間內超越烏龜。

### 3. 現實世界中的運動不符合這種邏輯

在實際的競賽中，阿基里斯的速度遠遠快於烏龜，他根本不需要經歷無窮多個步驟來追上烏龜，而只需要短短的一段時間。因此，這個悖論只是數學上的「概念遊戲」，並不適用於現實世界的運動規則。

### 結論

「阿基里斯與烏龜」悖論的問題在於**混淆了數學上的無窮細分與現實世界中的有限時間**。即使可以無限細分距離和時間，總時間仍然是有限的，因此阿基里斯一定能夠超越烏龜。這個悖論雖然聰明，卻無法推翻現實世界的運動規律。

## 歸納與演繹的說服術

**歸納法**與**演繹法**是兩種常見的說服技巧，各有其獨特的運用方式，在辯論與人際溝通中都能發揮強大的影響力。

## 歸納法：由個別推向整體

歸納法的核心在於**透過列舉多個具體例證，歸結出一個普遍性的結論**，從而讓對方產生認同。例如：

**說服意中人示例：**

「阿蘭小姐，許多人都很欣賞你，我聽過好幾位朋友談論過妳的魅力。

A先生曾經提到過妳的親和力，B先生也讚賞妳的氣質與談吐，C先生則說妳的溫柔令人難忘。

我發現，這些共同點，正是讓大家都喜歡妳的原因。而對我來說，妳更是獨一無二的。我想，能與妳相伴，是人生最大的幸運。」

這種說服方式有幾個特點：

- **列舉多個具體事例**，讓對方無法輕易否定。
- **將眾人的看法轉化為普遍事實**，讓對方更容易接受。
- **將結論歸結到自己身上**，自然地表達個人立場。

**歸納法的優勢**在於，它讓對方從「客觀事實」出發，逐步接受你的觀點，而不是直接要求對方認同你的看法。因此，這是一種溫和且具有說服力的方法。

第二章　兩難設問，模糊應對

## 演繹法：由普遍推向個別

與歸納法相反，演繹法**先提出一個普遍原則，再將其應用到具體情境中**，從而達到說服的效果。例如：

**說服意中人示例：**

「阿蘭小姐，妳的親切與溫柔，讓人難以抗拒，這樣的特質一定會受到許多人喜愛。

事實上，大家都這麼認為，A 先生、B 先生、C 先生都曾說過類似的話。

既然大家都這麼認為，那麼我也不例外，甚至可以說，我比其他人更珍惜這種美好。

也許我無法給妳最華麗的承諾，但我可以確保，對妳的真心勝過任何人。」

這種方法的特點在於：

- **先提出一個普遍性原則**（如「妳的特質會受到大家喜愛」）。
- **運用例證來支持這個原則**，加強其可信度。
- **將普遍結論應用到自己身上**，讓說服變得順理成章。

**演繹法的優勢**在於，它提供了一條清晰的邏輯推理路徑，使對方更容易接受你的觀點。

## 結論：靈活運用歸納與演繹

無論是歸納還是演繹，關鍵在於**依據場景與對方的思維習慣選擇最合適的方式**。如果對方比較注重具體例證，那麼**歸納法**更容易說服他；如果對方重視邏輯與原則，那麼**演繹法**可能更有效。

在辯論、說服與日常溝通中，靈活運用這兩種方法，不僅能提升你的說服力，也能讓你的表達更具影響力。

# 法官巧治詭辯家

## 詭辯家的挑釁

古希臘有位著名的詭辯家，名叫歐布利德，他自認能言善道，總是想在辯論中占上風。然而，有一次，他遇上了一位更聰明的法官，結果反被對方機智應對，連吃敗仗。

有一天，歐布利德在街上遇到一位鄰居，便問道：「你沒有失去的東西，它還在嗎？」鄰居點頭表示同意。歐布利德立即說：「你沒有失去頭上的角，那就表示你頭上有角！」眾所周知，只有牲畜才會長角，鄰居聽了覺得受辱，於是氣憤地向法官告狀。

## 第二章　兩難設問，模糊應對

### 法官的懲罰

　　法官聽完歐布利德的詭辯後，淡淡地說：「歐布利德，你在這座城裡從未失去過入獄的機會，那你就先去監獄待上三天吧！」隨即將他押進牢房，還讓他從事勞役工作。

　　歐布利德心有不甘，故意消極怠工。一天午後，烏雲密布，即將下起大雨，法官命令他趕快把穀堆收進倉庫，但他卻拖拖拉拉，結果大雨將穀子全數淋濕。法官大怒，質問他為何拖延不做事。沒想到，歐布利德又開始詭辯：「一顆穀粒不算是穀堆吧？而一顆穀粒也無法形成穀堆。既然每一顆穀粒都不能稱為穀堆，那麼穀堆根本不存在。您命令我搬運不存在的東西，我該如何執行呢？」

　　法官不願與他糾纏，決定等待更好的時機來懲治他。等到歐布利德服刑期滿，準備領取工資時，法官笑著對他說：「一枚硬幣不算是你的薪資吧？而一枚硬幣也無法構成你的全部薪資。既然每一枚硬幣都不是你的全部薪資，那你的薪資根本不存在，我又該如何支付呢？」

　　歐布利德無言以對，最後他的薪資被用來抵償穀堆的損失。

### 借錢不還的詭辯

　　歐布利德出獄後，心有不甘，於是向鄰居借了一筆錢，約定一個月後歸還。但當期限一到，鄰居找他討債時，他卻裝作

驚訝地說：「我根本沒跟你借過錢！」

鄰居提醒他是某年某月某日借的，歐布利德立刻開始狡辯：「沒錯，上個月我是向你借了錢。但你也知道，世上的萬物時時刻刻都在變化。河流中的水今天還是上個月的水嗎？雖然看起來還是同一條河，但水已經不是原來的水了。同樣的，今天的我也不是上個月那個向你借錢的我，所以你怎能要求現在的我去償還過去的債務呢？」

鄰居聽了氣得不知如何反駁，索性拿起棍子狠狠地揍了歐布利德一頓。歐布利德挨打後不甘受辱，於是憤而告上法庭。

## 法官的機智判決

法官聽完雙方陳述後，微笑著宣判：「歐布利德先生，你不是說世上的一切都隨時在變嗎？那麼，如今的你已經不是上個月的你了，按照你的邏輯，現在的這位鄰居也不是當初打你的那個人。你應該去找當時打你的人來控告，而不是現在這位鄰居。如果你能找到那個人，我一定會為你主持公道。」

歐布利德這次再也無話可說，只能悻悻然地離開。

# 第二章　兩難設問，模糊應對

# 第三章
# 因勢利導，以謀取勝

## 針鋒相對，揭其要害

在辯論中，掌握對方的要害之處，並針鋒相對地進行反駁是制勝關鍵。主要方法包括：

- **反駁錯誤論點**：運用事實與分析，直接證明對方論點的虛假與荒謬。
- **反駁論據**：揭穿對方論據的虛偽性，使其論點站不住腳。
- **反駁論證**：透過揭露對方論點與論據之間的邏輯錯誤，推翻其結論。

例如：臺灣政壇上曾有一則經典的交鋒案例，展現出精準的反駁技巧。

### 記者質疑文化預算，市長機智回應

在一次市議會質詢中，有議員批評市政府在文化建設上的預算過高，認為這筆錢應該優先用於基礎建設，如修補道路或

## 第三章　因勢利導，以謀取勝

改善交通。議員質疑：「市長，請問您認為臺北市應該把資金投入藝術展覽、圖書館擴建這類文化活動，而不是修補更多的道路嗎？難道文化比民生更重要嗎？」

市長微笑回應：「議員您的問題很有意思，這就好比問一個家庭，該不該在買書給孩子之前，先把家裡的桌子修好？這當然不是非此即彼的問題。」

接著，他進一步舉例反駁：「讓我們看看國際上的成功城市，如紐約、東京、倫敦，這些城市是否只專注於修路？還是同時投資於文化，讓市民擁有更豐富的生活？如果只看見馬路上的坑洞，卻看不見文化帶來的長遠價值，那我們永遠只能修路，卻無法塑造這座城市的靈魂。」

最後，他反將一軍：「如果我們完全不投資文化，難道未來的臺北市要成為一座沒有音樂廳、沒有圖書館、沒有藝術展覽的冰冷城市嗎？請問議員，這是您所希望的嗎？」

### 分析與啟示

在這場交鋒中，市長的反駁策略極具說服力：

- **先破除「二選一」的謬誤**：指出修路與投資文化並非對立，而是可以並行的。
- **類比國際成功案例**：舉例國際城市發展模式，強調文化建設的必要性，使議員的論點顯得狹隘。

- **反向推理，揭露荒謬**：將對方邏輯推向極端，使議員的質疑顯得短視，反而讓文化投資顯得更具正當性。

此案例充分展現了「針鋒相對，揭其要害」的辯論技巧，既捍衛了政策立場，也巧妙化解了對方帶有偏見的攻擊，成功地為文化建設正名。

## 反嘲斥謬，以柔克剛

在辯論中，當對方試圖以嘲諷、貶低的方式攻擊時，最有效的回應策略之一便是「反嘲斥謬」。這種方法利用對方的語言進行巧妙反擊，使其陷入尷尬的境地，達到「以柔克剛」的效果。

### 文化交流中的機智反擊

在一次國際文化交流座談會上，一位來自某國的評論家語帶嘲諷地對臺灣的代表說：「臺灣雖然經濟發展不錯，但畢竟是一個小地方，文化上恐怕無法與世界級國家相比吧？」

臺灣代表不疾不徐地回應：「確實，我們的島嶼面積不大，但請問您認為世界文化最重要的發源地是哪裡呢？是古希臘，還是文藝復興時期的佛羅倫斯？這些地方面積都不大，但卻影響了全人類的文化與思想。您覺得它們無法與世界級文化相提並論嗎？」

評論家聽後一時語塞，全場響起掌聲。

第三章　因勢利導，以謀取勝

## 分析與啟示

在這場機智的交鋒中，臺灣代表運用了「反嘲斥謬」的技巧：

- **先承認對方的部分說法**：沒有直接反駁「臺灣地方不大」，而是巧妙順應話題。
- **舉例反證，推翻對方論點**：以世界知名的文化發源地為例，證明「面積大小與文化影響力無關」。
- **讓對方陷入尷尬境地**：如果對方否定臺灣的文化影響力，就等於否定古希臘、佛羅倫斯等歷史文化重鎮，從而陷入矛盾。

這種以柔克剛的反擊方式，不僅有效地回應了對方的嘲諷，還展現了智慧與風度，進一步提升了自身立場的說服力。

## 二難推理，左右圍攻

「二難推理」是一種讓對方進退兩難的辯論技巧。這種方法透過邏輯推理，設定兩種選擇，使對方不論選擇哪一方，都會陷入困境。

### 記者訪問中的邏輯困局

在一次新聞記者會上，記者詢問一位臺灣高層官員：「請問政府會不會增加對科技產業的補助？」

官員答道:「我們的政策是穩健的,會根據實際需求來評估。」

記者繼續追問:「如果政府增加補助,是否代表您承認科技業目前發展不夠好?如果不增加補助,是否代表政府不重視科技業?」

官員微笑回應:「根據您的邏輯,如果父母支持孩子讀書,是不是代表孩子不夠聰明?如果父母不支持,是不是代表父母不愛孩子?顯然,您的提問方式忽略了一個基本事實——政府的支持並不代表產業不夠好,而是不斷讓它更好。補助與否,取決於發展策略,而不是非黑即白的選擇。」

## 分析與啟示

在這個案例中,記者試圖以「二難推理」讓官員陷入困境,但官員巧妙地反擊,化解了這個邏輯陷阱:

- **揭露錯誤邏輯**:指出記者的提問方式是「非黑即白」的謬誤,忽略了政策的靈活性。
- **類比現實生活**:用「父母支持孩子讀書」來類比「政府補助產業」,使問題變得淺顯易懂,容易讓大眾接受。
- **重塑討論框架**:將問題從「補助與否」轉向「如何讓產業更好」,成功掌握話語權。

這種辯論技巧不僅能破解對方的陷阱,還能讓自身立場更加穩固,達到主導討論方向的效果。

## 第三章　因勢利導，以謀取勝

### ■ 攻擊弱點，置其被動

在辯論中，抓住對方的薄弱環節並進行針對性攻擊，是讓對手陷入被動的有效策略。透過精準的論證，讓對方難以自圓其說，進而削弱其立場的可信度。

### ■ 總統辯論中的機智反擊

在某次總統選舉的辯論中，候選人甲年紀較大，對手乙便針對此點進行攻擊，說：「候選人甲的年紀這麼大，是否還有足夠的精力勝任這份高壓的工作呢？」

候選人甲微笑著回應：「我的對手一直在強調我的年齡問題，但我不會利用他的年輕和缺乏經驗作為攻擊他的理由。」

觀眾聽後哄堂大笑，而乙則一時語塞，無法繼續圍繞年齡問題做文章。

### ■ 分析與啟示

- **轉守為攻，反客為主**：當對方試圖用「年齡大」作為攻擊點時，候選人甲巧妙地轉化話題，將焦點轉移到對手的「年輕與經驗不足」。
- **幽默應對，化解攻勢**：用輕鬆幽默的語氣，使對方的攻擊顯得小題大作，從而贏得觀眾的認同。
- **讓對方陷入進退兩難**：如果對方繼續追問年齡問題，便會被認為是在不斷重複無效的攻擊；若轉移話題，則等於自認這個論點站不住腳。

這種策略讓候選人甲成功地化解了攻擊，甚至還反向削弱了對手的信譽。

## 順勢行事，因利乘便

在辯論中，有時候適時地順應對方的論點，假裝認可某些觀點，然後趁勢反擊，能讓對方陷入「請君入甕」的境地。

### 談判桌上的智慧

在一場貿易談判中，對方代表試圖以「公平」為理由，要求臺灣企業降低產品價格，並表示：「如果你們真的重視公平競爭，就應該調降價格，使雙方都能獲利。」

臺灣代表微笑回應：「我們當然贊同公平競爭，但真正的公平是品質與價格並重。我們的產品在技術與創新上投入了更多成本，如果您認為公平競爭只是降價，那麼是否願意也提升貴公司的產品品質，使雙方在相同的標準下競爭呢？」

對方代表一時語塞，因為若承認公平應包括品質，他們就無法再單方面要求降價；若否認，則等於自己違背了「公平競爭」的原則。

第三章　因勢利導，以謀取勝

### 分析與啟示

- **順勢接受對方的核心概念**：臺灣代表沒有直接否定「公平競爭」，而是順著這個概念發展論點。
- **巧妙擴大定義，設下陷阱**：對方原本只想討論價格，臺灣代表卻將「公平」延伸至品質，讓對方陷入邏輯困境。
- **誘導對方進入自己設定的框架**：當對方開始思考品質問題時，他們已經不再主導話語權，談判方向也朝有利於臺灣的方向發展。

這種「順勢行事」的方法，在辯論和談判中經常能發揮奇效。

## 取喻明理，寓理於喻

在辯論中，運用比喻能讓道理更具說服力，讓聽眾更容易理解，並增加言語的感染力。

### 妙喻話語的重要性

某次研討會上，一位演講者發表了一場冗長、內容空洞的演講，聽眾漸漸感到厭煩。這時，一位評論員被請來發表意見，他微笑著說：

「這場演講讓我想到池塘裡的青蛙，整天呱呱叫，聲音洪亮，卻沒有人會真正關心它在說什麼；而真正有價值的話語，應該像公雞的晨鳴，簡潔有力，讓人聽了立刻行動。」

全場哄堂大笑,而冗長演講的發表者則顯得十分尷尬。

## 分析與啟示

- **簡單明瞭,增加說服力**:比喻能讓抽象的概念變得具體而生動,使聽眾更容易理解。
- **透過對比,強化論點**:將「青蛙的叫聲」與「公雞的晨鳴」做對比,凸顯出有效溝通的重要性。
- **不直接攻擊,卻讓對方無法反駁**:評論員沒有直接批評發言者,而是用巧妙的比喻,讓對方自行體會自己的缺點。

這種方法在辯論、演講及商業談判中,都是強而有力的說服工具。

## 誘問反問,不攻自破

在辯論中,透過巧妙的反問,能讓對方自相矛盾,甚至無話可說,達到「不攻自破」的效果。

### 流行是否等於高尚?

在一場文化討論會上,一名發言者激動地說:「現在的流行音樂最受年輕人歡迎,所以它是最有價值的音樂形式!」

評論員赫爾岑聽後淡淡一笑,反問:「流行的東西就一定高尚嗎?」

發言者理直氣壯地回應:「當然!不高尚的東西怎麼會這麼

多人喜歡?」

赫爾岑微笑著說:「那麼,流行感冒也是高尚的嗎?」

發言者當場語塞,場內響起掌聲與笑聲。

## 分析與啟示

- **反問讓對方陷入邏輯矛盾**:發言者認為「流行=高尚」,赫爾岑巧妙反問,讓他發現這一概念並不成立。
- **用簡單的例子顛覆對方觀點**:用「流行感冒」來類比「流行音樂」,讓聽眾一聽就能理解對方的謬誤。
- **以柔克剛,讓對方自食其言**:赫爾岑並沒有直接否定對方,而是讓對方自己落入邏輯陷阱,進而無言以對。

這種反問法在辯論中非常有力,既能有效拆解對方論點,又能讓自己的觀點顯得更加合理與有說服力。

## 由彼及此,步步緊逼

「由彼及此」是一種透過層層遞進的推理方式,先從對方較容易接受的問題切入,逐步逼近核心議題,使對方最終無法否認自己的謬誤,進而接受你的觀點。

### 市長談話中的步步緊逼

某市長收到檢舉，得知某企業負責人涉及違規行為，於是親自約談，希望能勸其懸崖勒馬。然而，企業負責人極力辯解，不願承認錯誤，甚至試圖轉移話題。

市長問：「如果你家裡有一隻狗，整天好吃懶做，不僅不顧家，還時常打破碗盤，你會怎麼做？」

企業負責人答：「當然是趕出去。」

市長再問：「那如果你公司裡有一名員工，不僅怠忽職守，還經常私吞公款，你又會怎麼做？」

企業負責人皺了皺眉，回答：「那當然得開除！」

市長微笑著說：「那麼，如果這家公司的負責人明知員工貪汙，卻視若無睹，甚至與之勾結，圖利自己……你說，這該怎麼辦？」

企業負責人：「這……」

透過層層遞進的問話，市長讓對方無法反駁，最終不得不面對自身的問題。

## 婉曲作答，避其鋒芒

「婉曲作答」是一種避免直接回答對方問題的技巧，透過巧妙比喻或轉移話題，使對方無從下手，甚至引導其思考新的問題。

## 第三章　因勢利導，以謀取勝

### ▪ 天文學家的妙答

有人問天文學家：「請問，地球的年齡有多大？」

天文學家微笑著說：「這個問題其實不難回答。請您想像一座巍峨高山，例如喜馬拉雅山，再想像幾隻麻雀每天用嘴輕輕啄它一口，請問要多少年才能把整座山啄完？地球的年齡，大約就是這麼長的時間。」

這個回答沒有給出確切的數字，卻形象地表達了地球歷史的漫長，讓人不禁對時間的概念產生更深刻的體會。

## 誘導明理，有的放矢

「誘導明理」是一種透過連續發問，引導對方邏輯自相矛盾，使其最終不得不改變原有觀點的辯論方式。

### ▪ 醫生說服年輕村民

一名年輕村民帶著懷孕的妻子來到醫院，堅持要做人工流產。

醫生詢問原因，村民理直氣壯地說：「這是我們的第一胎，但我不要女兒！」

醫生皺眉問：「為什麼不要女兒？」

村民答：「因為女兒長大後會嫁出去，總歸是別人的。」

醫生笑了笑，說：「那麼，我有一個八歲的兒子，等他十二歲時，我就送他去出家。」

村民驚訝地問：「這麼好的兒子，為什麼要讓他出家？」

醫生冷靜地說:「因為他不能傳宗接代。」

村民更疑惑:「他身體健康,為什麼不能傳宗接代?」

醫生正色道:「因為到了那時,世上只有男人,沒有女人了!」

村民這才驚覺自己的觀念錯誤,羞愧地低下頭。

## 以牙還牙,理直氣壯

「以牙還牙」是辯論中用相同邏輯反擊對方,使其論點變得荒謬的技巧。

### 老農對抗縣令

某年大旱,一位老農到縣衙請求減免賦稅。

縣令問:「今年收成如何?」

老農答:「大約三成。」

縣令冷笑道:「既然還有三成的收成,就不能算災年,你敢誇大災情,真是膽大包天!」

老農沉思片刻,回道:「大人,我已經活了150歲,從未見過這麼嚴重的旱災!」

縣令大驚:「你怎麼可能150歲?」

老農不慌不忙地說:「我70歲,大兒43歲,小兒37歲,加起來剛好150歲!」

縣令氣得說不出話來,只能作罷。

## 第三章　因勢利導，以謀取勝

## 歸謬制人，出其不意

「歸謬制人」是一種假設對方的觀點為真，然後透過推理將其推向極端，使對方最終意識到自己論點的荒謬性。

### ◼ 反對活人陪葬的機智應對

古時候有個富翁去世，他的妻子與管家決定用活人陪葬，理由是：「主人死後，無人服侍，該有人陪他一起去地府。」

富翁的弟弟極力反對，但嫂嫂堅持道：「這是我們的家族傳統，誰都不能阻止！」

富翁的弟弟想了一下，然後語重心長地說：「嫂嫂與管家確實深明大義，考慮得很周到。既然要有人陪伴大哥，與其讓外人去服侍，不如嫂嫂和管家親自去陪葬，這樣哥哥在九泉之下定能感到安心。」

嫂嫂與管家聽了嚇得臉色發白，急忙說：「這……還是算了吧！」

最終，活人陪葬的荒唐行為得以制止。

## 總結

這些辯論技巧各有千秋，靈活運用可以在不同情境中發揮強大說服力。

- 「**由彼及此**」透過層層遞進的方式，讓對方自行得出結論。
- 「**婉曲作答**」用比喻或轉移話題，使回答更具啟發性與感染力。
- 「**誘導明理**」讓對方的論點自陷矛盾，進而接受你的觀點。
- 「**以牙還牙**」以相同邏輯回擊對方，使其論點崩潰。
- 「**歸謬制人**」透過極端推論，讓對方自己意識到觀點的荒謬。

熟練掌握這些技巧，不僅能讓你在辯論中游刃有餘，還能提升你的說服力，使對方在無形中接受你的觀點！

## 比喻巧辯，貼切巧妙

「比喻巧辯」是一種透過生動形象的比喻來回應質疑的方法，使回答更加具體、有說服力，並能有效化解對方的挑戰。

### ▰ 編輯的機智回應

一位年輕作家滿懷信心地將自己厚厚的小說手稿寄給知名編輯，然而不久後卻被退稿了。她氣憤不已，打電話質問：「編輯先生，您根本沒把我的書稿看完就退回來了吧？為了測試您是否認真閱讀，我特意把 105 頁和 106 頁黏在一起，結果現在還是原封不動，請問您怎麼解釋？」

## 第三章　因勢利導，以謀取勝

編輯不慌不忙地回答：「小姐，請問如果您買了一瓶水果罐頭，吃了一口發現已經變質了，難道您還會堅持把整瓶吃完才能確定它是壞的嗎？」

這樣的回應不僅有力地駁斥了對方的質疑，還讓她無話可說。

## 機智折服，不卑不亢

「機智折服」是在面對對方難題時，透過機敏應對，不卑不亢地反擊，使對方心悅誠服。

### ▋ 相親時的機智回應

一位年輕女子在相親時，被對方挑剔地說：「妳長得不夠漂亮。」

她微笑著回答：「那麼，請問你覺得什麼樣的女人算是理想的妻子？」

男子回答：「孝順長輩、善解人意、會持家，而且相貌出眾。」

女子微笑著說：「除了相貌之外，其他條件我都符合。但美貌是天生的，我無法改變。至於你呢？你又符合幾項呢？」

男子被問得啞口無言，只能尷尬地笑了笑，最後還是選擇與她繼續交談。

## 風趣幽默,駁倒對手

「風趣幽默」是一種巧妙的辯論技巧,透過詼諧有趣的方式來回答尖銳問題,既能化解對方的攻擊,也能贏得聽眾的支持。

### ■ 政治人物的幽默應對

某次政治辯論中,一位對手嘲諷候選人:「你的競選經費遠不如我們,恐怕連選舉看板都掛不起來吧?」

候選人淡定地笑道:「沒錯,我的競選經費確實有限,但我相信選民的眼睛是雪亮的,他們不需要靠看板來決定投票對象,而是靠我們的政見。如果選舉只比誰的看板多,那下一次選舉應該找廣告公司來競選才對。」

這句話既幽默又犀利,瞬間贏得全場掌聲,讓對手無言以對。

## 類比反駁,形象直觀

「類比反駁」透過將對方的觀點與某一相似但荒謬的事例進行比較,讓對方的論點顯得可笑或站不住腳。

### ■ 為何不吃發霉的食物?

某次公聽會上,一位企業代表對環保團體質疑道:「為何你們如此反對我們工廠排放廢水?其實這些排放物的汙染並沒有你們想得那麼嚴重。」

環保團體代表反問:「請問您覺得您的飲食健康嗎?」

## 第三章　因勢利導，以謀取勝

企業代表驕傲地說：「當然，我每天都吃有機食品，注重健康。」

環保代表微笑著說：「既然如此，請問您是否願意每天吃一點點發霉的食物呢？它的毒素或許也沒那麼嚴重啊？」

企業代表頓時語塞，現場觀眾紛紛點頭讚同，類比反駁法成功讓對方的論點顯得荒謬。

## 避實擊虛，立竿見影

「避實擊虛」是一種實戰性極強的辯論策略，特別適用於調查和訪談過程中，透過攻擊對方弱點，迫使其自亂陣腳。

### ■ 詐騙犯的心理攻防

警方偵辦一起詐騙案，逮捕了一名嫌犯，但對方拒不認罪，試圖狡辯。警方決定採用「避實擊虛」的戰術來突破他的心理防線。

**警探**：「你知道我們為什麼找你嗎？」

**犯人**：「不知道。」

**警探**：「我們剛從臺北車站來，你最近有沒有去過那裡？」

**犯人**：「沒有去過。」

**警探**：「可惜啊，我們剛調出了監視器畫面，發現你前幾天剛好出現在那裡。」

犯人（神情變化）：「就算去過又怎樣？」

警探：「沒什麼，只是那天剛好有一起詐騙案，受害者已經認出你來了。」

犯人：「那可能只是長得像吧？」

警探：「這麼巧？我們還在你的住處找到了一疊與詐騙案件相符的銀行存摺。你要看看嗎？」

犯人（語氣顫抖）：「⋯⋯好吧，我承認是有人找我幫忙轉帳，但我沒有詐騙！」

警探：「我們知道這不是你一個人幹的。如果你不說出同夥，就只能由你來擔全部責任了。」

犯人：「是我堂哥⋯⋯」

警方透過步步緊逼的談話技巧，成功擊潰了嫌犯的心理防線，使其不得不交代詐騙集團的運作方式。

## 總結

這些辯論技巧各具特色，能在不同情境下發揮關鍵作用：

- **比喻巧辯**　讓回應更加生動、具說服力。
- **機智折服**　以理服人，不卑不亢地回擊對方。
- **風趣幽默**　透過詼諧的方式化解挑釁，讓對方無話可說。
- **類比反駁**　以荒謬的類比讓對方的觀點顯得站不住腳。

## 第三章　因勢利導，以謀取勝

- **避實擊虛**　專攻對方弱點，使其心理防線瓦解。

靈活運用這些技巧，將讓你的辯論能力更上一層樓，無論是在日常對話還是正式辯論中，都能占據上風！

## 反詰進攻：出其不意的辯論技巧

反詰進攻，作為辯論中的一種基本語言技巧，是修辭學中反問的延伸應用。透過反向提出問題，用否定的疑問句表示肯定的語氣，或是用肯定的疑問句表達否定的語氣，反詰進攻能比直接提問更具力量，更能傳達強烈的情感，並具有批判與諷刺的效果。在許多情況下，反詰進攻還能轉守為攻，營造出心理上的優勢與逼人的氣勢，將對方置於被動的狀態。

例如：在 2021 年的臺灣大學辯論賽中，正方團隊與反方團隊就「臺灣是否應該全面禁塑」這一問題展開了激烈辯論。反方選手的一位發言人提出了精彩的反詰進攻，他說：

「臺灣真的應該全面禁塑嗎？不應該。禁塑這樣的政策究竟能解決多少根本問題呢？如果我們不去正視當前的環保現實，我們不妨回顧一下其他國家的做法。根據對方的觀點，禁塑就是拯救地球的萬靈丹，那麼為什麼像新加坡、德國等先進國家都未全面禁止塑膠，而是選擇更加符合實際情況的回收與減少措施呢？難道這些國家那麼多領導人都這麼不了解環境問題嗎？

其次，我們來看看臺灣實行這樣的政策會面臨的現實挑戰。塑膠製品真的會被完全替代嗎？事實上，很多塑膠製品仍然是日常生活中無法輕易替代的，尤其在食品包裝和醫療用品等領域。這些問題我們真的可以用簡單的禁塑政策來解決嗎？顯然不行。我們不應該把環保問題過於理想化，應該實事求是，選擇更為有效的解決方案。」

這段話之所以能引起強烈的反響，正是因為選手運用了反詰進攻技巧。除了運用舉證說明、理論分析等方法外，反詰進攻的技巧讓語言更加有力。接下來，讓我們從不同角度來看幾種反詰進攻的具體表現。

## 反詰進攻的具體表現

（1）**肯定式反詰**，即用反問的方式強調或肯定自己的觀點。例如：在2022年的亞洲大專學生辯論賽中，正方選手發表了一段話：「如果推動電動車是有害的，那麼為什麼全球許多國家，包括臺灣、美國、歐盟等都積極推動電動車發展呢？難道這些國家的政府都對環保問題一無所知嗎？」這段話就是透過反問的方式強調了正方「推動電動車利大於弊」的觀點。

（2）**否定式反詰**，即用反問的方式否定對方的觀點。比如在2023年的臺灣某企業內部辯論賽中，針對是否應該全面放寬遠距工作政策，某位發言人用反詰進攻的方式表示：「請問，這些

第三章　因勢利導，以謀取勝

推動回歸辦公室的聲音，是基於真正的效率提升，還是只是單純因為習慣了過去的管理方式？難道企業的發展就只能依賴過去的老方法，而無視現代科技對工作方式的改變嗎？」

## 以逸待勞：捕捉漏洞的辯論技巧

辯論是一項集知識水準、理論基礎、邏輯能力、語言技巧於一身的「高雅遊戲」。辯論中雙方你來我往，言辭激烈，有時侃侃而談，如行雲流水；有時一語中的，似霹靂驚雷。憑藉著高超的辯論技巧、豐富的知識儲備、深厚的理論功底與嚴密的邏輯思維，不斷創造一個又一個高潮。然而，這樣的激烈辯論環境中，情緒高漲，神經緊繃，難免會有些許錯誤與漏洞。無論多麼優秀的辯手，在面對激烈攻防時，難免會有些疏忽。這時，我們可以利用對方的漏洞進行反擊，並進一步發展成為對方無法招架的攻勢。

例如：在 2022 年臺灣大學辯論賽中，正方與反方就「是否應該進一步推動全面禁塑」展開了激烈辯論。反方提到：「禁塑政策是否就能解決所有環保問題呢？例如在日常生活中，塑膠容器仍然無可替代，許多行業仍依賴塑膠包裝。」此時，正方選手立刻捕捉到這一漏洞，發起反擊：

「那麼,難道我們一定要用塑膠容器來裝所有的東西嗎?難道不能開發出更環保的替代品,或者選擇其他可回收材料嗎?」

這一反擊運用了「捕捉漏洞法」,成功將對方的漏洞放大並轉化為有力的反擊。

## 捕捉漏洞的技巧

### 1. 放大法

放大法是將對方辯論中的不合理點進行擴大,推而廣之,讓其荒誕性暴露無遺。例如:在一場關於「數位化與環保的關聯」的辯論中,正方提到:「數位化發展可以大幅減少紙張的使用,對環境更友好。」反方則運用放大法,反問:「那麼數位化是否會導致更多的電子垃圾?如果每個人都使用高效能電腦與設備,這些電子垃圾的處理問題會更加嚴重,難道我們不應該關注數位化帶來的另一種環境危機嗎?」

### 2. 反說法

反說法是將對方的觀點反過來指向他們自己。比如在一場關於企業社會責任的辯論中,某企業代表提出:「企業在盈利後應該回饋社會,這是我們的責任。」反方反問:「那麼,如果企

## 第三章　因勢利導，以謀取勝

業回饋社會的方式是透過不斷要求其他小企業捐款，這樣的行為算不算一種對社會的責任呢？」

### 3. 無中生有法

此方法透過將對方的觀點推向極端，或故意曲解對方的觀點來「證明」其錯誤。在某次辯論中，正方提到：「推動奧運獎金發放可以激勵更多年輕人參與體育。」反方則故意將此觀點絕對化：「那麼，是否應該向每位選手發放無上限的獎金，來最大化激勵效果？」

### 4. 引向未來法

在歷史或現實無法辯駁時，可以將焦點轉向未來。此技巧基於對未來的預測，預見未來的發展並進行反擊。在一場關於全球暖化的辯論中，正方提出：「我們現在對環境的每一點付出，將會對未來世代產生深遠影響。」反方則回應：「那麼，我們是否應該將所有政策停擺，等待未來的科技突破？還是應該立刻行動？」

### 5. 緊追法

這是捕捉辯論漏洞時非常常見的一種技巧，當對方在辯論中出現漏洞時，我們應立即抓住並加以放大。此方法要求辯手必須對對方的錯誤有絕對把握，並以快速的反擊將其逼入困境。例如：在某次辯論中，正方提到一個數字：「每天全球發生12 場戰爭。」反方發現這一數字不準確，立刻指出並反覆強調，

最終使對方陷入困境，無法回應。

這些捕捉漏洞的技巧在辯論中非常有效，它們能幫助辯手在對方出現錯誤時迅速反擊，並將錯誤擴大，使對方的立場崩塌。

## 偷梁換柱：改換辯題的技巧

辯論的論題通常擁有多層面、深刻的內涵，並且具備廣闊的外延空間，這樣的設計使得雙方辯手能夠在辯論中充分展開。儘管如此，論題的設置往往是模糊的，並非單純地讓辯手選擇「對」或「錯」，而是在「多與少」、「利與弊」、「合理與不合理」等方面進行深入討論。因此，辯論者有機會調整辯論的焦點，並根據情況重新塑造辯題，甚至以新的角度出擊，將看似不利的情況轉變為有利的局面。這一技巧稱為「偷梁換柱」。

在辯論中，如果原有的辯題對某一方不利，該方可以選擇利用「偷梁換柱」技術，將辯題轉換成一個邏輯上與原題相關，但能夠對己方更有利的新命題。這種方法不僅能讓對方措手不及，也能突破傳統辯論框架，達到出奇制勝的效果。

### 借屍還魂

「借屍還魂」是一種將概念重新定義或創造新解釋的技巧，當原有的定義對辯手不利時，可以進行適當的創新來改變其含

## 第三章　因勢利導，以謀取勝

義。舉例來說，在 2020 年舉行的臺灣大專辯論賽中，正方隊在討論「高消費對臺灣市場經濟發展是否利大於弊」時，傳統的「高消費」定義可能會將問題推向不利於正方的方向——例如：將高消費解釋為「過度消費」或「消費過熱」。這樣的定義無法支撐正方的立場，因為當時臺灣的消費力尚有較大差距，這與高消費的負面形象不符。

正方隊決定突破傳統定義，重新創造一個全新的「高消費」概念。他們將「高消費」定義為「高品味、高品質、高規格的消費」，並且進一步說明，這種高消費指的是市場中對品質和服務的追求，而非單純的數量和過度消費。這樣的定義避開了高消費與低消費之間的矛盾，轉而強調提升商品品質和改善消費結構的正面效果，從而使正方的論點更具說服力。

### 偷梁換柱

「偷梁換柱」是指將辯題中的一個關鍵概念或命題進行改變，並將其轉化為對自己有利的命題。在這種技巧中，新命題必須與原命題有必然的邏輯關聯，並且證明新命題成立即可推導出原命題的成立，從而有效地改變辯論的焦點，使辯論方向對自己有利。

例如：在 2021 年臺灣大學辯論賽的決賽中，正方與反方就「人性是否本善」進行辯論。反方面臨著一個棘手的問題，如何

解釋為什麼社會上會有善行存在，若人性本惡？正方試圖從這一問題出發來駁倒反方，但這樣的解釋相當困難。此時，反方決定巧妙運用「偷梁換柱」技巧，將焦點轉向「人性雖然有惡的一面，但社會的教化可以引導人性向善」的角度。

反方將人性本惡視為人類必然的條件，而將重點放在社會如何透過教育、道德與法律等手段引導人性向善。他們指出，即使人性本惡，仍然有可能經過教育與文化改造，從而促進社會進步，這樣的轉變成功地將辯題的焦點從「人性本惡」的正面辯論轉移到了「社會教化」這一新的論題上，使臺大方的立論更為困難。

這樣的策略展示了「偷梁換柱」的威力，不僅有效避開了正面攻擊的難題，還成功將辯論的重心轉移，創造出對自己更有利的辯題。

## 結論：巧妙運用策略，改變辯論格局

在辯論中，面對不利的情況，巧妙運用「借屍還魂」和「偷梁換柱」等策略能夠有效地改變辯論格局，將原本對自己不利的辯題轉化為有利的攻勢。這些策略不僅能幫助辯手避開困難的問題，也能讓對手措手不及，打亂其準備，最終實現出奇制勝的效果。

第三章　因勢利導，以謀取勝

## 應對自如，情理交融

### 搶先下手，掌握主動

「先下手為強」，有時局勢的主動與否全在於辯論開始時能否掌握主動，能不能做到先發制人。如果辯論剛開始時，能在心理上比對方站在更優越的位置，自然會影響到後來彼此的對話。能夠比對方先行一步，就已經達到了先發制人的地步。

辯論不是簡單的舌戰，更不是街頭的口角爭執，而是一場進攻與防守相結合的藝術。顧頭不顧尾的盲目進攻或是忍氣吞聲的死守都會帶來災難。正如《孫子兵法》所言：「備前則後寡，備後則前寡，備左則右寡，備右則左寡，無所不備，則無所不寡。」在辯論中，為了分辨是非，最經常也是最奏效的策略就是主動出擊。只有在進攻、再進攻中，才能始終把握主動權。然而，進攻必須有技巧，不能盲目進攻，才能取得良好的效果。

### 進攻方式的運用

(1) 正面進攻

正面進攻是最直接的對抗方式，直接駁斥對方的論點，尤其是其中心論點，指出對方論點的錯誤與明顯不符事實和常理之處。這種方法是辯論中最常用，也是最難掌握的策略。正面

進攻如同大規模的正規軍作戰,所謂「先發制人」,一旦攻擊成功,對方的立場就難以穩固。

舉例來說,2019 年,香港中文大學和新加坡國立大學就「個人功利主義是社會進步最重要的因素」展開激烈辯論。反方的香港中文大學隊員直接指出:「國父孫中山領導辛亥革命推翻中國兩千多年的封建統治,難道是因為個人功利主義嗎?愛迪生發明了電燈,造福全人類,難道是因為個人功利主義嗎?」這裡透過兩個具有無可辯駁歷史事實的反問,強有力地駁斥了對方的中心論點,直指「個人功利主義是社會進步的重要因素」這一論點的錯誤,這種正面進攻手法效果顯著。

(2) 側面進攻

側面進攻是一種不與對方正面交鋒的方法。當對方的論點看似堅不可摧,難以找到直接漏洞時,可以從側面入手,批判對方論據的邏輯或內在缺陷,進行迎頭痛擊,徹底打垮對方。這種進攻方式既能避免正面碰撞的風險,又能精確突破對方的防線。

(3) 包圍進攻

包圍進攻是指當對方的分論點較多時,可以逐一拆解對方的分論點與論據,集中攻擊其核心立論。當對方的支撐點一一倒塌,最終其核心立論自然無法站立。這種進攻方式有效切割對方的防線,從內部瓦解對方的理論基礎。

## (4) 迂迴進攻

迂迴進攻則不直接與對方接觸，而是先從對方的辯論態度或風度出手，挑剔其在辯論中的表現。從對方的情緒反應入手，進一步發現其辯論中的漏洞，進行深入攻擊。這樣的方法往往能令對手措手不及，難以應對。

## 結論：主動進攻，穩固主動權

在辯論中，掌握主動權是取得勝利的關鍵。透過正面進攻、側面進攻、包圍進攻以及迂迴進攻等多種策略，可以有效捕捉對方的漏洞並加以擴大。透過不斷的進攻，發現並利用對方的破綻，最終掌握辯論的主動權，從而在辯論中取得勝利。

## 抓住要害，窮追猛打

在辯論中，抓住對方的要害進行攻擊，能夠迅速突破對方的「防線」，並迅速取得論辯的勝利。

辯論很大程度上依賴即興的臨場發揮，而人的語言不可能總是組織得完美無缺，總有一些漏洞。只要能夠抓住對方的弱點，集中力量進行攻擊，就能迫使對方就範。

## 集中力量攻擊對方薄弱環節

在辯論中,每方都有其薄弱環節。進攻時,集中火力攻擊這些薄弱環節,打開突破口,一舉擊破,最終就能取得勝利。集中攻擊的策略非常有效,可以迅速瓦解對方的防線。

## 利用對方隱藏的弱點

這類弱點通常不容易發現,但只要保持敏銳的洞察力,隨時抓住對方可能的疏漏,就能進行有力的反擊。利用這些隱藏的弱點來削弱對方的立論,往往能達到意想不到的效果。

## 利用對方表達上的漏洞

在辯論中,抓住對方表達上的漏洞,及時指出並進行反駁,也能收到立竿見影的效果。這類漏洞可能是對方表達不清或用詞不當,這些都能成為攻擊的突破點。

## 利用對方邏輯上的弱點

對方的邏輯弱點也是一個可乘之機。只要能夠根據對方的邏輯推導出相互矛盾的結論,就能直接使對方的論點自我崩潰。這種方法能夠有效地瓦解對方的理論基礎,使其立場無法站住腳。

第三章　因勢利導，以謀取勝

## 利用對方立論上的弱點

對方的立論往往是最脆弱的環節，雖然這樣的弱點不容易被察覺，但一旦抓住，攻擊的威力便是致命的。例如：在「人性本善」辯論中，對方的立論如果有漏洞，指出「善花如何結出惡果」，並持續攻擊，就能收到明顯的效果。

## 實際案例：突破對方的防線

### 2021 年美國總統選舉辯論

在 2021 年美國總統選舉的辯論中，時任總統川普和民主黨候選人拜登展開了激烈的交鋒。川普在辯論中曾提到：「拜登的政策會讓美國陷入經濟衰退。」然而，拜登立即抓住這個漏洞，指出川普在四年任期內並未有效減少國家的經濟赤字，反而加劇了貧富差距。拜登強調：「你所稱的經濟復甦，其實是在財政赤字和中產階級生活水準下降的背景下實現的。」這一反擊迅速削弱了川普的立場，並讓選民注意到川普未來政策的潛在風險。

## 實際案例：抓住關鍵弱點，反敗為勝

### 退貨條款風波

某電商平臺因未能妥善處理消費者的退貨政策，而遭遇消費者集體訴訟。平臺的辯護律師在辯論中提到，平臺的退貨政

策是合法且符合業界標準，消費者應該理解這些條款。然而，消費者的代表律師抓住了平臺未在明顯位置詳細列出退貨條款的漏洞，並指出這種做法違反了消費者保護法。律師巧妙地以「消費者的知情權」為切入點，指出平臺的行為是對消費者權益的侵害。最終，法院判定平臺需支付賠償金並調整其政策。這一成功反擊不僅顯示出消費者律師的敏銳洞察力，也表明抓住關鍵弱點是法律辯論中的致勝法寶。

## 結論：掌握辯論中的要害，迅速反擊

在辯論中，抓住對方的要害進行攻擊是取勝的關鍵。無論是對方的薄弱環節、隱藏的弱點、表達上的漏洞還是邏輯上的缺陷，都能成為反擊的突破點。只有敏銳地洞察並抓住這些弱點，進行穩準的反擊，才能在辯論中迅速突破對方的防線，取得最終的勝利。

## 利用矛盾，逼敵就範

發現對方在辯論中自相矛盾，便可加以揭露，利用對方的一個判斷來否定另一個判斷，通常能迅速推翻對方的論點。這種辯論技巧稱為「利用矛盾」，它是論辯中非常常見的手法。這種方法透過分析對方的論辯，抓住其中自相矛盾的地方並加以

## 第三章　因勢利導，以謀取勝

揭露，進而揭穿對方的荒謬，使其目的無法得逞。

辯論高手經常利用矛盾術來駁斥和揭露對方的誤辯。

## 順推術

順推術是指按照對方的邏輯推導出一個荒謬的結論，並用這個結論來反擊對方，讓對方陷入被動。這是一種推理方式，它讓對方的邏輯結構暴露出荒謬之處。

例如：在一個小鎮的醫院裡，病人走進來對護士說：「請將我安排在三等病房，因為我很窮。」護士問：「難道沒有別人能幫助你嗎？」病人回答：「沒有，我只有一個姐姐，她是修女，也很窮。」護士諷刺地說：「修女富得很，因為她和上帝結婚。」病人聽了十分生氣，回敬道：「好，那就麻煩你安排我在一等病房吧，之後把帳單寄給我姐夫就行了。」

病人的回敬便是典型的順推術，透過模仿護士的荒謬邏輯來反擊，這種方式巧妙且有效，使對方無法回應。

## 模擬術

模擬術是指模仿對方的荒謬邏輯，反擊對方的方法。這是一種非常有效的反駁技巧，能將對方的謬誤放大，從而讓其無法反駁。

例如：在一個小鎮的車站候車室裡，一個男青年把痰吐在潔白的牆上。車站管理員對他說：「先生，這樣做很沒品，你應該看到『不准隨地吐痰』的告示吧？」男青年回答：「我吐在牆上，不是吐在地上。」車站管理員冷靜地回應：「如果依你這種說法，那我有痰就可以吐到你的衣服上，因為衣服上也不是地上。」男青年無言以對。

車站管理員使用了模擬術，巧妙地將對方的邏輯荒謬化，反擊使男青年無法再說辯駁的話。

## 實際案例：揭露矛盾

### 2021年美國總統選舉辯論中的矛盾運用

在2021年美國總統選舉的辯論中，時任總統川普和民主黨候選人拜登進行了激烈的辯論。在辯論中，川普提到：「拜登的政策將使美國的經濟衰退。」拜登立即抓住川普邏輯上的矛盾，指出川普在四年任期內並未有效減少國家的經濟赤字，反而加劇了貧富差距。拜登強調：「你所謂的經濟復甦，其實只是財政赤字和中產階級生活水準下降的背景下進行的。」拜登透過揭露川普的矛盾，成功反駁了對方的論點。

## 實際案例：利用矛盾揭示真相

### 2020年全球環保辯論中的矛盾揭露

在 2020 年全球環保辯論中，支持減少碳排放的辯手提出：「若不立即減少碳排放，我們將面臨災難性的後果。」然而，反方辯手指出，該方同時提到為了應對氣候變化，應該加速發展電動車和新能源產業。反方質疑：「既然如此，為何這些新能源產業在生產過程中並未大幅減少碳排放，反而可能會引發新的環境問題？」反方透過揭示對方的矛盾，成功推翻了支持方的立論，並強調需要更全面的環保方案。

## 結論：利用矛盾逼敵就範

矛盾術是一種強有力的辯論工具，透過揭露對方的自相矛盾，能夠有效瓦解對方的論據，並將其推向無法辯駁的境地。無論是順推術還是模擬術，都能夠在辯論中運用矛盾的邏輯，讓對方的立場自我崩潰，最終逼其就範。

# 借題發揮，巧妙反擊

在辯論中，為了讓對方屈服，可以將對方的命題、觀點進行適當的展開和引申，指出其不合理和荒謬之處，從而給予有

力的反擊。借題發揮不僅能幫助辯手抓住對方的漏洞，還能在辯論中巧妙地轉移焦點，讓自己占據有利位置。

## 肯定式反詰

肯定式反詰即是先假定對方的觀點是正確的，然後加以反詰，從而更有利地證明己方的觀點。這種反擊比直接說出己方觀點更具力量，能讓對方無法辯駁。

例如：在 2022 年某大學辯論賽中，辯題是「發展旅遊業是利大於弊還是弊大於利」，正方提出：「如果發展旅遊業真的是弊多於利，那麼，為何世界上那麼多國家和地區都在積極發展旅遊業呢？難道這些國家的領導人都是愚不可及嗎？」這樣的反詰使對方難以直接反駁，並且使正方的觀點顯得更加有說服力。

## 否定式反詰

否定式反詰則是用反問的方式否定對方的觀點，這樣既能增強自己的語勢，又能讓辯論語言更具動力。

例如：在 2021 年臺灣某學術辯論賽中，辯手試圖批評某事件中領導人的決策，提出「某個決策使國家遭遇不利」。反方立刻反問：「請問，這個決策是由哪些因素促成的？是否僅僅是由某一事件引發的呢？如果這些決策並非單一原因造成，是否能

## 第三章　因勢利導，以謀取勝

夠將所有責任歸咎於一個事件？」這一系列的反問不僅駁斥了對方的觀點，也讓對方無法再進行有效辯駁。

### 強擊式反詰

強擊式反詰是在辯論中語氣堅決且強烈，這種方法通常適用於涉及原則性問題的辯論，特別是當雙方在辯論過程中出現誇張或無理的觀點時。

例如：在某次討論經濟擴張的辯論中，辯手提出「如果一個國家的經濟成長過快，會導致失業和社會問題」。反方立刻回應：「以美國為例，雖然其人口在某些時期不及其他國家，但其經濟規模與影響力無可否認，並未因為其增長過快而導致社會崩潰，反而帶來了更多的機會。」這樣的反駁不僅有力證明了對方的觀點缺乏依據，還揭示了不正確的假設。

### 以彼之道，還施彼身

在辯論中，以彼之道還治其人之身，能使對方陷入無法自圓其說的境地。這種方法利用對方的矛盾與誤辯來反擊，迫使對方承認其論點的自相矛盾。

例如：在某次商業倫理辯論中，某企業辯手強調「企業應該追求最大化利潤，無視社會責任」。反方則巧妙地引用該公司過去對外宣稱的「企業社會責任」來反擊：「難道你們公司的宣傳口

號中的社會責任是假的嗎？如果企業不能遵守自己承諾的社會責任，怎能說它追求的是正確的價值觀呢？」這樣的反擊迫使對方無法辯解，讓對方無法再進行有力反駁。

## 引申式反詰

引申式反詰是指將對方的觀點進一步引申，並指出其隱含的問題或不合理之處。這種方法尤其有效，當對方引用名言或權威人物的觀點時，常可以揭示出其片面性或誤用。

例如：在某教育論壇中，有人引用愛因斯坦的名言：「想像力比知識更重要」來支持教育中應重視創造力。然而，反方立刻指出：「愛因斯坦這句話是指傳統教育過於僵化，忽視了想像力的培養，但並不是說知識不重要。那些取得偉大成就的偉人，往往是既有深厚的知識積累，也擁有強大的創造力。」這樣的反擊不僅指出了名言的背景，也有效駁斥了對方的片面論點。

## 結論：巧妙反擊，掌握辯論主動

在辯論中，借題發揮和巧妙反擊是取得勝利的關鍵。透過對對方觀點的引申、反詰、模仿等技巧，可以有效抓住對方論點中的漏洞或矛盾，迅速削弱對方的立場。這些反擊策略不僅能讓辯論者掌握辯論的主動權，還能在關鍵時刻給對方致命打擊，最終達到出奇制勝的效果。

第三章　因勢利導，以謀取勝

# 靈活應變，避其鋒芒：辯論中的策略與技巧

辯論是一場智慧的較量，不僅需要犀利的論述，還要有靈活的應對策略。俗話說：「君子避三端：武士之劍端，文士之筆端，辯士之舌端。」在辯論時，若遇到對自己不利的論題，若不及時避開，反而執著於糾纏，便可能被對方的攻勢壓倒。因此，學會避其鋒芒、靈活應變，是在辯論中取勝的重要關鍵。

## 辯論中的攻守平衡

辯論不僅要擅長攻擊，也要具備堅實的防守能力。純粹進攻而忽略防守，可能會因露出破綻而遭受反擊；而過於防守則可能讓自己陷入被動。**攻防結合，才能克敵制勝。**

避開論敵的鋒芒，並非意味著逃避對方的論點，而是**運用智慧，以巧妙的方式轉移焦點，讓對方的攻擊無法奏效，並找到機會反擊**。有時候，適時的讓步（如「丟卒保車」，甚至「丟車保帥」），能夠讓自己在更有利的時機展開反攻，最終掌握主導權。

## 避其鋒芒的技巧

### ▋ 借屍還魂：利用對方話語反擊

有時候，正面回應對方的論點並不利己，這時可以運用「借屍還魂」的策略，利用對方的話語巧妙回擊，讓對方無言以對。

## ◎案例：丑角杜羅夫的機智應對

俄羅斯著名馬戲丑角杜羅夫，在演出後休息時，一位傲慢的觀眾故意諷刺他：

**觀眾**：「作為丑角，只要生來有一張愚蠢而又醜怪的臉蛋，就會受到觀眾的歡迎吧？」

**杜羅夫**（微笑回答）：「確實如此，如果我能長得像您這樣的臉，那我肯定能拿到雙倍薪水！」

這番話巧妙地**利用對方的語言，反向揭露對方的無理挑釁**，達到不戰而屈人之兵的效果。

## ■ 釜底抽薪：從根本上推翻對方論點

當對方的論點建立在錯誤的假設上時，可以運用「釜底抽薪」的方法，從根本上駁倒對方的推論，使其立論不攻自破。

### ◎案例：武將是否需要文才

在一場辯論中，反方認為武將不需要文才，理由是：

「武將只要會指揮作戰就行了，學習文才是揚短避長。」

正方採用**釜底抽薪法**反駁：

「在知識的海洋裡，武才和文才並非孤立存在。武將透過文才總結經驗，提高指揮能力，還能提升策略視野。因此，文才對武將而言是不可或缺的。」

## 第三章　因勢利導，以謀取勝

這種反駁方式使得對方的論點無法成立，因為它**直接擊破了「武將不需要文才」的前提**，從根本上瓦解了對方的立場。

### ■ 自我解嘲：化解尷尬，反守為攻

在辯論中，若遭遇尷尬情境，或者對手使用人身攻擊，可以透過「自我解嘲」來化解僵局，並展現風度。

#### ◎案例：杜魯門與麥克阿瑟的對話

美國總統杜魯門在一次會見麥克阿瑟將軍時，麥克阿瑟態度傲慢，準備點燃菸斗時說：

「抽菸，你不會介意吧？」（顯然，他不是真心徵求意見）

杜魯門機智回應：

「抽吧，將軍。別人噴到我臉上的煙霧，要比噴在任何美國人臉上的都多。」

這句話**不僅沒有正面衝突，還成功地化解了麥克阿瑟的傲慢態度**，展現出從容與幽默，讓對方無從反駁。

### ■ 迂迴戰術：避免糾纏，轉移焦點

若辯論陷入僵局，雙方僅圍繞某一點激烈爭論，則可運用迂迴戰術，**暫時擱置爭議點，先從其他方面達成共識**，再回到原議題。

#### ◎案例：法律辯護中的靈活應變

在一場有關「正當防衛」的辯護中，檢方不斷強調：

「原告受傷嚴重,請問這是否過當?」

如果辯護律師一直糾纏於傷勢的輕重,可能會陷入被動。此時,他可以轉移焦點:

「請問,若我的當事人當時不進行防衛,他會面臨什麼後果?」

「正當防衛的重點應該是,當事人是否有即時的危險,而不是僅僅討論傷勢的程度。」

這樣的應對策略成功避開了對方設定的討論框架,並引導辯論回歸核心議題。

## 靈活應變的應用場景

在辯論或談判中,靈活應變的方法可以廣泛應用於以下情境:

- **當對方的論點具備一定道理,但仍有漏洞時**→使用「借屍還魂」,透過對方的話語來反擊。
- **當對方的論點建立在錯誤假設上時**→使用「釜底抽薪」,從根本上推翻其立場。
- **當對方試圖透過尷尬場面來打壓你時**→使用「自我解嘲」,讓自己保有風度,並成功轉移焦點。
- **當辯論陷入無謂糾纏時**→使用「迂迴戰術」,暫時擱置爭議點,從其他角度突破。

## 結論：掌控辯論的主動權

在辯論場上，**靈活應變是取得勝利的關鍵**。透過「借屍還魂」、「釜底抽薪」、「自我解嘲」等技巧，我們可以避免陷入不必要的糾纏，迅速調整策略，使自己始終處於主動地位。真正的高手，並不是只會猛烈進攻，而是能夠在適當時機避其鋒芒，靈活轉換話題，從而在最關鍵的時刻反守為攻，最終獲得勝利。

# 後發制人：從容應對辯論中的挑戰

在辯論與談判中，咄咄逼人的對手往往會利用強勢言辭與攻擊性問題來壓迫對方，使其陷入被動。然而，急於回應往往會導致自身漏洞暴露，甚至落入對方的設計之中。因此，「後發制人」是一種極具策略性的應對方式，透過沉著冷靜、耐心觀察對方的破綻，待時機成熟時再展開有力反擊，以掌控整場辯論的節奏。

## 後發制人的基本策略

「後發制人」的核心在於**不急於回應，而是等待時機，進行針對性的反擊**。這一策略尤其適用於面對攻擊性強的對手，或

是當自身短時間內無法找到有力回應時。

這一策略在中國文化中也頗具代表性。中國的古代哲學，如《孫子兵法》中的「以靜制動」、太極哲學的「借力使力」等，皆強調在面對強敵時，不應貿然迎戰，而應沉著應對，利用對方的破綻來反擊。

後發制人通常在以下兩種情況下最為有效：

### ▪ 當對方已無法自圓其說時

對方可能在辯論初期表現得極具氣勢，但若言論中存在邏輯矛盾或前後不一致的地方，你可以耐心等待，等到對方無法自圓其說時，再對其矛盾點展開攻擊。例如：

◎案例：政策辯論中的反擊

在一次關於**能源政策**的辯論中，一方主張：「我們應立即關閉所有燃煤發電廠，以減少碳排放。」但同時，他又提到：「我們應該確保電力供應穩定，避免影響經濟發展。」

對手可以這樣反擊：

「請問，如果立即關閉燃煤發電，那麼夜間電力供應不足時，你是否願意讓全國進入限電狀態？」

「你既主張減少碳排放，又強調經濟穩定，但你認為哪一項應該優先？若兩者無法兼顧，你是否承認你的立場存在矛盾？」

這種反擊方式充分利用了對方論點中的矛盾，讓對方無法自圓其說。

## 第三章　因勢利導，以謀取勝

### ▄ 當對方已攻擊至山窮水盡時

有些辯論對手會一開始就強勢進攻，試圖找出你的弱點加以攻擊。然而，一旦他用盡所有攻擊點，卻仍未能動搖你的核心立場，這時便是你發起反擊的最佳時機。例如：

◎案例：企業經營決策的討論

在一場企業管理論壇中，一名與會者不斷批評某企業高層：「貴公司近年來的成本上升、競爭加劇，難道不應該進行結構調整嗎？你們是否缺乏應變能力？」

高層可以選擇沉著應對，待對方列舉完所有批評後，反問：

「那麼請問，我們的市占率是否持續成長？營收是否仍在穩定增加？若我們的經營策略存在嚴重問題，為何市場仍對我們有信心？」

這種方式可以讓對方發現，他所列舉的問題雖然存在，但並未影響整體發展，從而削弱其批評的力度。

## 後發制人的關鍵技巧

### ▄ 裝作退卻，設計陷阱

當你無法立刻回應對方時，可以**假裝讓步**，誘導對方繼續深挖議題，使其暴露更多破綻，再進行反擊。例如：

## ◎案例：記者會上的巧妙應對

記者問：「臺灣是否應該對外資全面開放？」

領袖先回應：「這確實是一個值得探討的議題。」

待記者繼續追問：「那麼你是否贊成開放？」

領袖此時再回應：「開放並非唯一解方，我們需要在保護本地企業與促進國際競爭之間取得平衡。」

這樣的回應讓對方無法進一步施壓，並且成功將討論方向轉移到自己掌控的領域。

### ■ 抓住對方話語中的漏洞，放大攻擊

有時候，對方的話語中可能會有細微的矛盾或過度誇張的成分，這時你可以**抓住其中的漏洞**，加以放大。例如：

## ◎案例：環保議題中的反駁

對方主張：「若不停止使用一次性塑膠製品，地球未來 50 年內將無法生存！」

此時可以反擊：「請問，目前已有哪些科學研究證明 50 年後地球將無法生存？是否存在其他變數，如科技發展、回收技術提升等？」

這樣的反駁方式讓對方必須提出具體證據，而非僅靠誇張言論來說服觀眾。

## 第三章　因勢利導，以謀取勝

### ■ 把球踢回對方

如果對方的問題過於刁鑽，甚至無法回答，可以反向拋回給對方，讓其自行陷入困境。例如：

**◎案例：阿凡提的機智回應**

一位國王問阿凡提：「如果你能數清天上的星星，我就承認你聰明。」

阿凡提回答：「如果你能數清我騎的毛驢有多少根毛，我就告訴你星星的數量。」

這樣的回應讓國王無法繼續施壓，反而陷入無法回答的窘境。

## 後發制人的實戰應用

- 在面對強勢對手時，保持冷靜，耐心等待其論點暴露問題，再加以反擊。
- 適時「讓步」，引誘對方暴露更多破綻，再趁機發起攻擊。
- 利用精準提問，逼迫對方面對自身論點的矛盾點。
- 將問題拋回對方，讓對方難以繼續進攻。

後發制人並非消極的防禦策略，而是一種高效的**反擊技巧**，讓辯論者能夠在逆境中穩住陣腳，並在關鍵時刻逆轉局勢。透過精準應用這些策略，你將能在任何辯論或談判場合中，都能占據主導地位，最終取得勝利。

### 裝作退卻，設計陷阱

當對方以犀利問題逼迫你作答，而你又無法立即回應時，可以故意裝作退卻，讓對方以為占了上風，進而放鬆警惕或得寸進尺，這時再利用其漏洞進行反擊。例如：

◎**案例：國際記者會中的巧妙迴避**

在一次國際記者會上，一名記者詢問某位領袖是否認同國際觀光對國家發展的影響。該領袖巧妙地回答：「有。」這個簡單的回答引起了現場記者的興趣，大家期待他進一步解釋。隨後他補充：「我國一直致力於推動永續發展，以確保自然資源與文化觀光的平衡。」這一回應不僅正面回答了問題，還巧妙地轉移了焦點，使討論從「影響」轉向「如何發展」，避免落入記者預設的立場。

**應用技巧：**

- **利用簡短回答吊起對方胃口**，讓對方主動追問，進而掌握話語權。
- **故意轉移話題**，讓焦點從對方設計的問題轉向自己想談的主題。
- **避開敏感立場**，但仍然保持邏輯上的連貫性，不給對方攻擊的機會。

## 第三章　因勢利導，以謀取勝

### ■ 抓住一點，伺機反攻

當對方論點強勢、問題層層逼近時，若一時無法反駁，則可迅速找到其話語中的一個細微漏洞，並放大該漏洞，使對方無法進一步攻擊。例如：

◎案例：政治辯論中的反制策略

在一次關於能源政策的辯論中，一方提出：「政府應立即停止燃煤發電，全面轉向綠能。」對手回應：「你的政策看似環保，但請問，若今天立即停用燃煤，那麼夜晚電力不足時，你是否願意讓全國停電？」

這個反問直接挑戰了對方「立即轉向」的可行性，迫使對方不得不承認「轉型需要時間」，從而弱化了自身的立場。

應用技巧：

- **挑選對方最薄弱的一點加以攻擊**，讓對方陷入防守狀態。
- **避免全面回應對方所有論點**，而是專注於其論述中的矛盾點。
- **讓對方不得不修正自己的論點**，從而使己方取得優勢。

### ■ 胡攪蠻纏（謹慎使用）

當己方處於劣勢，短時間內難以找到合適的反駁方式時，可以運用「胡攪蠻纏」來拖延時間，或轉移對方注意力。這種方式雖非理想策略，但在面對對方咄咄逼人時，仍可能有效緩解壓力。例如：

◎案例：學術辯論中的應變

在一場學術辯論中，一方被問及：「你的研究方法存在偏差，如何確保結論的可信度？」由於對方論點強勢，己方短時間內無法提出具體反證，於是回答：「科學研究本就充滿變數，許多偉大的發現也來自偏差，難道你不認同科學的不確定性嗎？」

這種回答雖然沒有正面回應問題，但卻成功模糊焦點，使對方難以繼續進攻。

應用技巧：

- **當短時間無法反駁時，先轉移焦點，爭取思考時間。**
- **利用廣義概念來模糊問題，讓對方難以精準攻擊。**
- **注意適可而止，避免讓聽眾認為自己沒有邏輯可言。**

## 把球踢給對方

當對方提出一個難以回答的問題時，最好的方式之一就是將問題拋回去，讓對方自己陷入困境。例如：

◎案例：阿凡提的機智反應

一位國王故意問阿凡提：「如果你能數清天上有多少顆星星，我就承認你聰明。」阿凡提回答：「如果你能告訴我，我騎的毛驢有多少根毛，我就告訴你天上有多少顆星星。」

這種回答不僅讓國王無法繼續追問，還將對方置於難堪的處境。

應用技巧：

- **當對方的問題難以回答時**，反向要求對方回答類似問題。
- **確保問題本身具有對等性**，讓對方無法迴避。
- **用機智幽默**的方式反擊，避免讓場面過於嚴肅。

## 打擦邊球

這種技巧適用於面對對方的刁鑽問題時，給出一個似是而非的回答，使對方無法追問。例如：

### ◎案例：企業發言人的模糊回應

記者問：「貴公司是否打算裁員？」發言人回答：「我們目前的重點是提高企業營運效率，以確保員工有更好的工作環境。」

這樣的回答既沒有直接回答「是否裁員」，但又與「企業營運」相關，讓對方無法繼續追問。

應用技巧：

- **避開明確的肯定或否定**，讓對方無法掌握確切資訊。
- **回應與問題相關的概念**，但不直接回答核心問題。
- **確保回應內容仍然合理**，不讓聽眾感到失去信任。

## 結論：沉著冷靜，後發制人

「後發制人」是一種高階的辯論與談判策略，能夠幫助人在面對強勢對手時，**透過沉著應對、誘導對方失誤、或轉移焦點來掌握局勢**。在實際應用中：

- **裝作退卻**可讓對方放鬆警惕，進而落入設計好的圈套。
- **抓住漏洞反攻**能夠在短時間內扭轉不利局勢。
- **胡攪蠻纏**可為己方爭取時間。
- **將問題踢回對方**能夠讓對方陷入自身邏輯的矛盾。
- **打擦邊球**則可巧妙避開敏感話題，使己方立場更具彈性。

在辯論與談判中，關鍵不在於「說得最多」，而在於「如何說得巧妙」。透過掌握這些技巧，能夠在面對困境時，仍然穩住陣腳，進而掌控全局，贏得最終的勝利。

# 引導對方落入圈套的辯論策略

在辯論或談判中，直接攻擊對方論點有時會讓對方更加防備，導致僵局。相反，透過「引蛇出洞」的策略，可以讓對方在不知不覺中暴露自身的矛盾，甚至提出對己方有利的結論，從而掌握辯論的主導權。

## 第三章　因勢利導，以謀取勝

　　這種策略在心理學與辯論中被廣泛運用，因為當人們處於高度防備狀態時，通常不會輕易接受對立觀點。而當對方放鬆警戒，認為掌控局勢時，便可能落入設計好的邏輯圈套。以下將探討這種策略的運作方式與實際應用案例。

### 何謂「引蛇出洞」策略？

　　「引蛇出洞」的核心在於**誘導對方逐步暴露自己的盲點或邏輯漏洞**，而非直接反駁或攻擊對方論點。例如：在談判中，一方若強硬要求某條件，對方可先表示「理解」或「讓步」，引導對方進一步闡述自己的立場，再利用其矛盾之處進行反擊。

　　此策略的關鍵在於：

- **降低對方防備**：先讓對方認為己方沒有威脅，甚至假裝認同部分觀點，使其更願意開誠布公地陳述立場。
- **誘導對方自曝其短**：透過巧妙提問，引導對方自行承認矛盾或陷入邏輯困境。
- **適時出擊反駁**：在對方話語的漏洞顯現後，再提出具有殺傷力的反擊，讓對方無法自圓其說。

## 「引蛇出洞」的經典案例

### (1) 孫臏誘鬼谷子出洞

鬼谷子是先秦時期縱橫家的宗師,他曾經考驗兩位弟子——龐涓與孫臏,要求他們想辦法讓自己離開洞穴。

- **龐涓的策略**:他試圖直接威脅鬼谷子,要求他離開洞口,但鬼谷子輕易識破其意圖,並未走出洞外。
- **孫臏的策略**:孫臏則採取誘導的方式,說:「如果老師已經在洞外,我倒有辦法讓老師走進去。」鬼谷子聽後,為了證明孫臏錯了,便自然而然地走出了洞口,結果反而中了孫臏的圈套。

這個案例說明,直接施壓不如**讓對方自己選擇進入設計好的局**,從而達成預期目標。

### (2) 商務談判中的讓步戰術

在商業談判中,雙方經常會對某些條件僵持不下。例如:

- 一家公司希望供應商降價,但供應商不願讓步。
- 買方可以先假裝同意高價,但要求對方提供更多附加服務,如**更長保固期、額外產品或優惠條件。**
- 若供應商拒絕附加條件,則暴露了其「價格已經過高」的問題;若接受,則買方等於變相獲得了額外讓利。

這種做法巧妙地運用了「誘敵深入」的策略，讓對方自行暴露自身的妥協點，而非直接強硬要求降價。

(3) 米勒與鞋匠的心理戰

某位鞋匠聲稱沒有人能騙過他，於是米勒對他說：「你在這裡等我，我馬上回來騙你。」鞋匠為了證明自己不會上當，於是在原地等了數小時，結果米勒根本沒有回來，鞋匠卻已經被騙了。

這種策略的運作方式在於：

- **米勒沒有直接挑戰鞋匠，而是透過設計一個讓對方「自證清白」的情境。**
- **鞋匠為了證明自己不會被騙，反而落入了圈套，浪費時間等待，最終意識到自己被騙了。**

這與現實談判或辯論中的技巧相似 —— **有時不需直接反駁對方，而是讓對方自己行動，最後陷入自己的邏輯困境。**

## 如何在辯論與談判中運用「引蛇出洞」？

(1) 設置陷阱式提問

在辯論中，若對方主張某立場，可透過**循序漸進的提問**來測試其論點是否一致。例如：

◎情境：討論政府透明度問題

**對方主張：**「政府的某項政策對人民有利。」

**你的問題**:「那為什麼這項政策不願意公開所有細節呢?」

**對方可能的回答**:

・若承認政策不透明,則削弱了自己的論點。

・若強辯透明度不重要,則可能引發更多反駁。

透過這樣的提問方式,可以讓對方陷入兩難局面,進而暴露矛盾。

(2) 假裝讓步,引導對方暴露弱點

當對方咄咄逼人時,**直接對抗可能適得其反,不如先退一步**,讓對方覺得己方已經無法反駁,從而放鬆警惕。例如:

◎**情境:勞資談判**

**資方**:「我們不能再給員工加薪,這樣會導致企業經營困難。」

**勞方(假裝讓步)**:「如果真的如此困難,我們是否可以公開企業的財務狀況,以便員工理解?」

**資方可能的回應**:

・若拒絕公開,則顯示企業可能並未真正面臨困難。

・若公開,則可能會有更多可以質疑的數據。

這樣的策略**讓對方無法堅持原立場,而必須進行妥協**。

(3) 利用對方的信念來反制

這種策略在法律辯論與政治演說中尤為常見。例如:

第三章　因勢利導，以謀取勝

- **某政客主張言論自由**，但同時支持某些審查制度。
- **可以反問**：「如果言論自由如此重要，為何支持言論審查？」

這種方式讓對方必須在兩個立場之間做選擇，而無法兩者兼得。

## 結論：靈活運用策略，掌控辯論局勢

「引蛇出洞」是一種高階的辯論與談判策略，透過**降低對方防備、設計巧妙的提問與讓步，引導對方自行暴露矛盾**，讓己方處於優勢地位。

在現實應用中，這種策略適用於：

- **辯論場合**：透過誘導式提問，讓對方邏輯崩潰。
- **商業談判**：先假裝讓步，再引導對方暴露軟肋。
- **政治與公共演說**：利用對方的價值觀與信念，讓其陷入邏輯困境。

成功的辯論不在於聲音最大，而在於能否**巧妙運用心理戰術，讓對方自陷困局**。透過靈活運用「引蛇出洞」，你將能夠更有效地掌控對話，達成你的目標。

## 實戰技巧:誘敵深入與故設圈套

### 誘敵深入

在對方進攻你的準備得最充分、最有說服力的論點時,暫時避而不答,讓對方覺得你無法反駁,製造出一個防守空虛的假象,讓對方放鬆警惕,一旦時機成熟,便可突然反擊,出奇制勝。這樣的策略常見於辯論賽中,如臺灣大學與南京大學的辯論賽中,臺大隊選擇先避而不答,讓南大隊以為占據上風,結果最終臺大隊突然反擊,並且成功挫敗對方的攻勢。

### 故設圈套

在防守中,聰明的辯手像狩獵者一樣,會巧妙地設定陷阱。比如:某場辯論中,辯手選擇在對方準備充分的情況下先放出一些誤導性資訊,並在對方進一步進攻時,將對方誘入自己設好的圈套,讓對方完全無法回應,進而成功打破對方的攻勢。

### 結論:引蛇出洞策略的應用

引蛇出洞是一個十分有效的心理戰術,無論是在辯論中還是在其他社交場合,都能幫助我們打破對方的防線,成功達到

第三章　因勢利導，以謀取勝

目的。透過耐心等待、巧妙設圈，誘導對方逐步落入陷阱，這不僅能夠改變辯論的局勢，還能在關鍵時刻反敗為勝。

## 熱情洋溢，魅力四射：提升演講影響力的關鍵

演講是一門藝術，而成功的演說者不僅依賴內容，更仰賴個性、表達方式與態度來影響聽眾。從卡耐基、林肯到現代成功的演說家，他們之所以能夠感染人心，正是因為他們懂得運用語言的力量，並在演說過程中展現獨特的個人魅力。以下幾個關鍵點，能幫助你提升演講影響力，讓你的演說更具說服力與感染力。

### 展現個性，塑造獨特風格

演講的魅力來自於真實的自我，而非刻意模仿他人。卡耐基技術研究所曾對百位成功的商界人士進行研究，發現個性的影響遠超過智力，這說明了**在演講中，個性往往比內容本身更能吸引人。**

名演說家亞伯特‧胡巴德曾說：「贏得聽眾信任的，是你的態度，而不是你的詞藻。」這意味著**個性是演講的靈魂，能讓演說者脫穎而出**。這種個性並非刻意塑造，而是來自於自身的

經驗、價值觀與情感,當你以真誠的態度面對聽眾,他們將更容易接受你的訊息。

### 如何展現個性?

- **保持自然**:不刻意模仿他人,讓你的語言、手勢和語調符合自身風格。
- **融入情感**:演講不只是理性的表達,更要讓情感貫穿其中,讓聽眾感受到你的熱忱。
- **強化自信**:即使你的觀點與眾不同,也應該勇於表達,因為你的獨特性正是吸引聽眾的關鍵。

## 演講姿態:讓肢體語言成為說服利器

手勢、站姿、眼神等非語言訊號,在演講中的影響力不亞於語言本身。最具說服力的演講者,通常能夠運用自然的肢體語言來強化表達,而非生硬地模仿別人的手勢。

試想,如果溫文儒雅的演說者模仿激昂的政治演說風格,或是講話緩慢的學者強行採用辯論式的快節奏,那將顯得格格不入。因此,肢體語言應該**隨著個性、演講主題與場合的不同而調整**,讓動作與語言相輔相成,而非彼此衝突。

### 如何運用肢體語言?

- **自然流露**:讓手勢與語言同步,避免刻意誇張的動作。
- **眼神交流**:適時與不同區域的聽眾對視,建立連結感。

- **控制站姿**：站得太僵硬會顯得緊張，過度搖擺則容易讓人分心，適度調整重心，展現穩健的臺風。

## 態度決定一切：說話方式勝過說話內容

「你說的是什麼，絕不比你怎麼說更重要。」許多經典演講之所以能夠影響深遠，不僅僅是因為其內容精采，而是因為演說者的表達方式讓內容更具感染力。

■ 良好的演講態度能產生以下效果：
- 讓簡單的內容變得具有影響力。
- 讓觀眾對你的話題產生更深的共鳴。
- 讓你的說服力更具穿透力，打動聽眾的內心。

在大學辯論賽中，勝出的往往不是擁有最好論點的隊伍，而是**最懂得如何傳遞論點的隊伍**。因為**演講的關鍵，在於能否讓聽眾理解並接受你的觀點，而不只是展示知識**。

■ 如何培養正確的演講態度？
- **想像自己在與朋友交談**：避免生硬或刻板的語調，讓演講變得更自然。
- **關注最不專心的聽眾**：將他們視為你的對話對象，確保你的內容具有吸引力。

- **避免自負或過度誇張**：謙遜而自信的語調最能贏得觀眾的好感。

## 熱情是最強大的說服武器

聽眾總是被充滿熱忱的演說者所吸引，這是演講最基本的法則之一。如果你對自己的話題都沒有興趣，怎麼能讓聽眾產生興趣？熱情是最直接的感染力來源，它能讓演講變得有溫度，使聽眾更容易投入其中。

### 歷史上的熱情演說者

- 林肯的演說雖然不如當時許多學者嚴謹，但他的熱情和真誠使他成為最偉大的演說家之一。
- 賈伯斯在發表蘋果新產品時，並不單純介紹規格，而是以極大的熱忱描繪產品如何改變世界，讓聽眾產生期待感。

### 如何展現熱情？

- **選擇你真正感興趣的話題**：如果你對演講內容不感興趣，那麼聽眾也很難感興趣。
- **以故事方式傳遞訊息**：敘述個人經歷或具體案例，比單純陳述數據更能激發情感共鳴。
- **強調關鍵時刻**：當你講到最重要的內容時，可以透過語調、速度與停頓來加強效果。

## 第三章　因勢利導，以謀取勝

## 謙遜與真誠：觀眾討厭自大，卻欣賞低姿態

　　偉大的演說者懂得展現自信，但不會流於自滿。過度炫耀自己的知識或成就，會讓聽眾產生距離感，甚至反感。反之，**謙遜與親和力能使演講更具吸引力，讓聽眾更容易接受你的觀點。**

　　美國政治家亞德萊・E・史蒂文森曾在密西根州立大學的畢業典禮上說：「在這樣的場合，我總感到有些無能，這讓我想起撒母爾・巴特勒曾說過：『我連如何善用接下來的十五分鐘都不知道。』」這樣的開場白展現了他的謙虛，使聽眾對他產生好感，願意專注聆聽他的演說。

### ▰ 如何在演講中展現謙遜？

- **避免過度強調自己的成就**：適當提及自己的經歷，但不要讓聽眾覺得你在炫耀。
- **承認自己的局限性**：若某個問題沒有明確答案，不妨坦率承認，這反而會讓你更具可信度。
- **展現親和力**：用輕鬆的語氣與聽眾互動，讓演講更具人情味。

### 結論

　　一場成功的演講，不僅僅是內容的傳遞，更是一場表達個性、展現熱情、掌握態度與肢體語言的藝術。**當你展現真誠、熱情並保持謙遜時，聽眾自然會被你的言語吸引，並對你的觀**

點產生共鳴。無論是在學術演講、商業簡報或公共演說中,掌握這些關鍵技巧,將使你的演講更具說服力,讓你的聲音成為影響他人的力量。

## 小心頂替,層層推理

在辯論中,往往會遇到一些人隨便捏造出歪理,並且面不改色地和你爭辯。例如:他可以這樣說:「豆腐全是四角形的。四角形的東西屬於箱子類的,所以豆腐和箱子很相似。」

### 以歪理對抗歪理

與他旗鼓相當的人,亦可不改色地搬出以下的歪理來反駁:「豆腐的顏色是白的,雪的顏色也是白的,所以豆腐和雪非常相似。」

這兩種三段論法聽起來都有道理,因此雙方堅持不讓,互不相讓,造成無休無止的爭論,勝負難定。在這樣的情況下,你該如何展開辯論,一舉致勝呢?

第三章　因勢利導，以謀取勝

## 反駁歪理，推翻對方的邏輯

你可以在這兩種三段論法上，再配以另一種三段論法，將對方的理由推翻。以下是其中一個例子：

「你說豆腐像箱子；你又說豆腐像雪。這麼說，箱子和雪必須是相似的，事實上，箱子和雪一點也不像。箱子是四角形的，而雪是白色的東西。所以，豆腐的顏色雖然像雪，但在形狀上它卻更像箱子。」這樣的推理，才會得出正確的結論。

## 歸納法的應用

你必須熟悉辯論技巧，使其運用極廣。宏效可期的歸納法，可以大大發揮。那麼，該如何運用歸納法來推展你的論點呢？以下是一個例子：

- 豆腐是好吃的東西。
- 豆腐是四角形的東西。
- 豆腐是白色的東西。
- 豆腐是冷的東西。
- 豆腐是柔軟的東西。

所以，豆腐一定是用豆做成像洋粉或瓊膠類的東西。這是將多種事實進行總結的手法，因此對結論的確立來說，精確度相當高。

## 演繹法的運用

演繹法則是反其道而行的手法。如果遇到上面這種內容,該如何運用演繹法呢?以下是其中一個例子:

- 豆腐是用豆做成像洋粉或瓊膠類的東西。
- 所以,豆腐必然是四角形的東西。
- 也必然是白色的東西。
- 也必然是冷的東西。
- 也必然是柔軟的東西。
- 也必然是好吃的東西。

## 歸納與演繹法的高層次運用

前面提到的歸納法的例子,只是展示了它的一種型,事實上,它可以運用到更高層次的內容。以下是另一個例子:

- 聲音是怎麼來的?它是空氣的波動造成的。
- 光是怎麼來的?它是粒子的波動造成的。
- 也就是說,地球上的一切物質,在振動時,會有各種不同的波動。

## 第三章　因勢利導，以謀取勝

演繹法與歸納法相反，是從結論開始，反推上來，藉此證明你想要證明的事情。萬物振動時會發出各種波動。所以，空氣振動就會發出聲音，而粒子振動就會發出光。

### 識破歪理與謀略

道理有很多種類，從最簡單到最複雜，從真實到荒謬，無所不包。對於智慧較高的人來說，他們對各種歪理和謬論都能看得很透徹，因此有人說，從能不能看出道理的內涵，就能測出一個人的智力。

但要注意，不管是低級的還是高級的理論，裡面都夾雜了相當多的冒牌貨。如果你沒有識破這些謊言的能力，對任何謬論、異論沒有及時駁斥的辯論能力，你就會被誤導而不自知。

### 論點頂替的詭辯手法

最容易被蒙騙的是「論點的頂替」這一招。請仔細讀下面這段話，思考論點是如何被更換的：

「豆腐絕對不是由腐敗的豆製成的。豆腐是將豆放進石臼中磨出來的。納豆是經過發酵、腐敗的豆製成的。所以，『納豆』就是豆腐。」

這一類的詭辯無處不在，我要請問各位，是不是看穿了這段話裡的詭辯手法？

## 辯論的真正目的：勝利還是說服？

辯論的目的是讓自己的主張獲得通過，也就是說，辯論必須獲勝。要做到百戰百勝，首先必須精通各種辯論知識，除了這些知識之外，還需要掌握各種說服技巧。

辯論獲勝有時並不一定意味著對方會心服口服，這樣的勝利很可能會在未來埋下禍根。這種一時的勝利並不是真正的勝利。所以，在辯論時，必須精於「深層說服術」，讓對方從心底完全信服你，這才是辯論制勝的最高境界。

## 結論

在辯論中，識破並駁斥歪理是制勝的關鍵。對方可能運用詭辯手法，如論點頂替或錯誤推理，企圖混淆視聽，因此需靈活運用歸納法與演繹法來拆解謬論。真正高明的辯論者不僅追求勝利，更致力於說服對方，使其從內心接受己方觀點。透過層層推理、精準反駁與深入溝通，能讓辯論不流於爭執，而是成為一場智力交鋒與思想交流，使己方論點更加穩固，也讓對方心服口服。

第三章　因勢利導，以謀取勝

## 破除戒忌，巧服對方

在辯論中，雙方往往會有許多戒忌。如果對方的戒忌過大，將成為辯論的巨大阻礙，若不去除這些戒忌，將難以打動對方。因此，要想說服對方，首先需要破除戒忌，這應該是最重要的步驟。

### 如何辨識對方的戒忌

以下是由深層心理學家研究出來的幾個判斷方法：

1. **見面時，語氣不帶任何感情**：對方與你打招呼時，語氣冷淡，沒有情感上的交流。

2. **當你試圖確認對方的意思時，他閃爍其詞**：對方常常顧左右而言他，或者用語曖昧不清，讓你感覺難以捉摸他真實的想法。

3. **當話題進入核心時，他說話的速度變慢**：對方的語速突然放慢，顯示出他在這個問題上有戒心。

4. **只跟你打對槌，極少發問**：對方對你的意見只是反駁，卻很少主動提出問題，顯示他不願與你深入探討。

5. **對無關緊要的事反而不斷質疑**：他對一些不重要的問題不斷提問，顯示他對核心問題的不安。

6. **完全保持正經的姿態，沒有任何放鬆的樣子**：對方的態度非常正式、拘謹，缺乏放鬆或輕鬆的表現。

破除戒忌，巧服對方

7. **在談話中，不時移開視線，並上下移動**：這樣的行為表明對方感到不安或有戒心。

8. **措詞變得非常客氣**：當對方突然表現出過度的禮貌時，通常意味著他開始設防。

9. **坐得很遠，顯示出隨時準備離開的心態**：對方坐得很遠，甚至坐得非常淺，這表現出他對你的不信任和戒心。

10. **雙方個性差異過大時**：在某些情況下，兩者的性格差異也會引發戒忌。

## 消除戒忌的第一步：積極表達關心

當你發現對方有戒意時，必須立刻採取行動來消除這些戒忌。只要成功破除戒忌，你就有可能進入問題的核心，並開始進行有效的說服。這時，說服的成功就已經達成了一半。

當然，你不可以直接說：「唉呀，老兄，你何必這麼戒心重呢？」這種做法是最下策，萬萬不能使用。

## 傾聽並展現關心

最重要的是，積極地向對方表達「我很關心你」。在辯論或說服過程中，這一點尤為關鍵。要表達「我很關心你」，首先需要做一個**傾聽能手**。專心聽對方的話，這樣可以建立親近感，進一步讓對方放下戒心。

### 結論

在辯論與說服的過程中，對方的戒忌往往成為溝通的障礙。辨識這些戒忌，並以積極關心與傾聽來化解，是說服的關鍵第一步。當對方語氣冷淡、迴避核心話題或顯得不安時，意味著內心有所防備。此時，直接攻擊或強行闡述己見只會加深對方的抵觸，而透過專注傾聽、展現理解與尊重，則能逐步化解對方的不信任，使談話進入更深入的交流，進而達成有效的說服與共識。

## 知識使辯論更有力量

辯論的基礎非知識莫屬。沒有知識的支撐，無論你如何有理有據，對方也不會輕易相信你。知識和邏輯相輔相成，彼此的重要性不分高低，但知識的運用與邏輯的推理大不相同，這一點必須清楚認識。

### 知識與邏輯的區別

知識是透過記憶儲存在大腦中，當有需要時，知識便透過聯想來從大腦中提取出來。邏輯則是一套有序的道理，它能夠從這些知識中創造出新的知識，並將它們儲存在大腦中。

換句話說，記憶只是將知識「藏在倉庫中」，而邏輯則能在

大腦中對知識進行再創造。透過邏輯的再創作，知識能夠更深刻地烙印在大腦中。

一般人認為只要多看書，知識就屬於自己。然而，正如上所述，這是錯誤的觀念，因為這些知識並未真正屬於你。只有透過推理與判斷，才能將知識完全消化，並將它真正變成自己的財富。

## 推理與分析的重要性

很多人將書架擺滿琳瑯滿目的書籍，自以為是「知識分子」，沾沾自喜。但我們不禁要問：他們真的把書中的知識吸收到了嗎？這些書是否真正成為了他們的內在智慧？

與此相對，習慣經常進行推理、分析的人會大不相同。即使書架上只有一本書，只要那本書的內容超過萬卷書，它便可以成為知識的基石，並透過再創造知識，使其真正屬於自己。

## 深層推理與創造新知識

人類的大腦擁有「推理機能」，這是上天賜予人類的特殊能力。猿猴雖然具有「事實機能」，也就是記憶的能力，但卻沒有推理的能力。正是這種推理能力，使得人類的社會在各方面優於猿猴的社會，兩者的差距無法相比。

面對挑戰，或者在緊急情況下機智應變，最能發揮作用的正是思考力和推理能力。

## 第三章　因勢利導，以謀取勝

### 讀書與思考的關聯

　　假設你整夜不睡，努力讀書，那麼究竟能讀多少本書呢？如果這些知識僅僅被吸收卻沒有經過消化，那麼這些知識很快就會被遺忘。即使你讀了一百本、一千本書，若這些知識不能深入消化，那麼這樣的閱讀有何意義？

　　即使你將所有的知識都吸收並消化，但這個世界的知識浩瀚如海，你所掌握的也只是其中微不足道的一部分。人一生所能了解的知識有限，而未知的領域卻是無窮無盡的。這便是為何有句話說「生也有涯，知也無涯」。

### 知識的深度與範疇

　　在這個知識的海洋中，重要的不是知道得多，而是知道哪些是值得知道的。世界上充滿了無用的知識、誤導的知識和誤解的知識，只有能夠精心整理並挑選的知識，才能充分利用我們有限的思維容量。很多學者一生專注於一門學問，致力於探索知識的新領域，正是因為他們對某些問題有深入的疑問，才會專心研究，並且透過發現真理，為世界貢獻新的知識。

### 知識的真正價值

　　同理，當我們積極尋找並解答那些尚未被解答的問題時，我們所獲得的知識才是真正的價值。這就像登山者必須攀登那

些從未有人攀登過的山峰，才能獲得真正的榮譽。對於科學家而言，埋頭研究那些看似無益的問題，也是因為他們對這些問題充滿疑問，因此需要將它們解釋清楚。

這一點就像實驗中的假設，一旦經過證實，就會被認為是事實，並且經得起反覆的驗證。

## 思考與推理的力量

真正讓人類與其他動物區別開來的，是人類的思考能力。除非這種思考的懶惰習慣被摒棄，否則人類的特質和價值就會逐漸消失。

現代社會貧富差距越來越大，知識上的差距也日益擴大。學校教的基礎知識固然有必要，但更重要的是邏輯性思維的訓練，這是學校無法完全教會的。

## 結論

在這個競爭日益激烈的社會中，若失去邏輯性的思維能力，將無法在任何場合提出具有說服力的觀點。只有具備強大的邏輯推理能力，才能在辯論中卓有成效，進而獲得勝利。

知識的價值不在於數量，而在於品質。只有掌握了正確的邏輯思維，才能使知識的價值發揮到極致。

第三章　因勢利導，以謀取勝

# 第四章
# 詭辯與辯論的界線

## 詭辯與雄辯的本質區別

在辯論與論證中,詭辯與雄辯的區別在於論述的邏輯合理性與誠實性。詭辯(Sophistry)是指利用話術、偷換概念或似是而非的推理來誤導聽眾,使對方難以反駁,即便其結論並不符合邏輯。而雄辯(Eloquence)則建立在嚴謹的邏輯推理、合理的論據與公平的論述之上,具有說服力且不會刻意誤導對方。

許多人在日常交流中會將詭辯誤認為雄辯,導致爭論變成了話術遊戲,而非真正的思想交鋒。因此,學會分辨兩者的區別,對於提升個人論辯能力至關重要。

### 詭辯案例分析

(1) 藝術家與藝術協會

在某場展覽後,一位觀眾詢問藝術家為何未加入某個藝術協會,藝術家回應:「我的丈夫是該協會的成員,我們感情深

## 第四章　詭辯與辯論的界線

厚，這顯示出我對該協會的感情也很深厚。」

分析：

- 這種回應是一種「偷換概念」（Equivocation）的詭辯手法。藝術家用「與丈夫感情深厚」來推論自己對協會的態度，但丈夫與協會是兩個完全不同的概念，不能畫上等號。
- 這種回答雖然聽起來巧妙，實則沒有回答問題的核心，並未真正解釋為何她未加入該協會。

### (2) 作家與「藝術風格是否出色」的問題

在一次座談中，一位聽眾遞紙條詢問：「某個藝術派別的風格是否十分出色，為何還會有反對的聲音？」作家回應：「你們認為我的畫作好看嗎？」當觀眾回答「好看」後，她又說：「那麼，為什麼你們認為我應該把畫布吃下去呢？」

分析：

- 這是一種「錯誤類比」（False Analogy）的詭辯手法。藝術風格是否出色與「是否應該吃畫布」是完全不同的概念，作家用一個荒謬的假設來取代對藝術風格的合理評價，從而回避了原本的問題。
- 這種回答雖然幽默，但並未解釋為何優秀的藝術風格仍會遭受批評，而是透過無關的類比來混淆焦點。

## 日常生活中的詭辯

### (1) 學歷與婚姻的關係

某年輕人對妻子提出離婚的理由是:「我已經研究所畢業,與妻子的興趣差距越來越大,我們無法再找到共同話題,因此我應該尋找真正的幸福。」

有人反問:「那如果你繼續深造,成為教授,是不是還要因此再離婚一次?」

分析:

- 這是一種「草率概括」(Hasty Generalization)的推理錯誤。該年輕人以「興趣差距」作為唯一離婚理由,但夫妻關係的維繫涉及溝通、價值觀、相處模式等多方面因素,不能單純歸結為學歷變化。
- 反問者的推論則屬於「滑坡謬誤」(Slippery Slope Fallacy),即假設某種趨勢會無限延續,忽略了其他變數。

詭辯 vs. 雄辯

| 比較項目 | 詭辯 (Sophistry) | 雄辯 (Eloquence) |
|---|---|---|
| 目的 | 誤導、混淆視聽 | 說服、傳遞正確訊息 |
| 手法 | 偷換概念、錯誤類比、斷章取義 | 嚴謹推理、合乎邏輯、尊重事實 |
| 是否承認錯誤 | 不願承認錯誤,甚至強行辯解 | 願意修正觀點,接受合理反駁 |

第四章　詭辯與辯論的界線

| 比較項目 | 詭辯（Sophistry） | 雄辯（Eloquence） |
|---|---|---|
| 例子 | 「妳的丈夫是該協會成員，所以妳一定也喜歡該協會。」 | 「我尚未加入該協會，因為我仍在評估其價值與理念是否符合我的期待。」 |

如何避免詭辯，提升論辯品質？

### 1. 辨別邏輯謬誤

- 在聆聽或進行論述時，應保持邏輯思維，避免偷換概念、錯誤類比、訴諸情感等常見詭辯手法。
- 例如：若有人說：「這個政策是專家設計的，所以一定是正確的。」我們應該意識到這是「訴諸權威」（Appeal to Authority）的詭辯，而非真正的論證。

### 2. 回歸問題核心

- 在面對辯論時，應確保回答與問題相關，不讓對方轉移話題。
- 例如：當作家被問及「某藝術風格是否出色」，如果她要進行雄辯，應該分析該風格的優缺點，而不是用吃畫布的類比來模糊焦點。

### 3. 注重事實與數據

- 在論證過程中，應引用數據、實例或邏輯推理來支持論點，而非單憑話術來影響聽眾。

- 例如：在討論臺灣少子化問題時，如果有人說：「未來臺灣將成為無人島！」，我們應該以人口統計數據來分析趨勢，而非接受極端推論。

### 4. 接受合理反駁

- 具有雄辯能力的人應能接受反駁，並根據對方的論點調整自己的觀點，而非死守錯誤論點。
- 例如：如果某人提出「加班能提升業績」的論點，但被指出長期加班會降低員工效率，那麼雄辯者應考慮這個因素，而非強詞奪理。

## 結論

**詭辯與雄辯的關鍵區別在於論證的誠信度與邏輯嚴謹性。**

- **詭辯** 透過話術、偷換概念、錯誤類比等方式，製造似是而非的結論，使對方難以反駁。
- **雄辯** 則建立在邏輯與事實基礎之上，透過合理的論據說服對方，並能接受合理的反駁。

在日常交流與辯論中，學會辨識詭辯、避免掉入錯誤邏輯的陷阱，才能真正提升論述能力，讓溝通更加精確有效。

第四章　詭辯與辯論的界線

# 避免將謬誤當作詭辯

## 謬誤的概念與分類

謬誤（Fallacy）指的是在推理或論證過程中，因為邏輯錯誤或不當假設而導致的錯誤結論。雖然謬誤和詭辯在形式上可能相似，但**謬誤通常是無意的錯誤，而詭辯則是刻意歪曲事實，以達到誤導或操控的目的。**

謬誤的研究最早可追溯至**古希臘哲學家亞里士多德**，他在《辯誤篇》（*Sophistical Refutations*）中首次對謬誤進行分類與分析。隨後，英國邏輯學家理查・華特利（Richard Whately）和約翰・斯圖亞特・彌爾（John Stuart Mill）對謬誤的分類進一步細化，將其分為：

- **邏輯謬誤（Logical Fallacies）**：涉及形式邏輯推理錯誤，如謬誤三段論、訴諸無知等。
- **非邏輯謬誤（Informal Fallacies）**：涉及語言、心理、統計等方面的錯誤，如以偏概全、錯誤類比等。

現代研究進一步將謬誤區分為：

- **主觀謬誤（Subjective Fallacies）**：源自個人觀點、信仰或偏見，而非客觀事實。例如：以個人經驗推測普遍現象。

* **客觀謬誤（Objective Fallacies）**：由於資訊不完整或知識缺乏，導致對現象的誤解。例如：基於錯誤的科學知識得出結論。

## 客觀謬誤的案例

客觀謬誤（Objective Fallacy）指的是因資訊不完整或知識錯誤，而導致錯誤的推論。這類謬誤通常來自於科學發展的局限性或過時的知識。

### (1) 宋朝詠菊詩的謬誤

這則故事來自《警世通言》：

宋朝宰相王安石在詩《詠菊》中寫道：「西風昨夜過園林，吹落黃花滿地金。」

蘇東坡讀後感到疑惑，因為他從未見過菊花被風吹落，於是補充道：「秋花不比春花落，說與詩人仔細聽。」

王安石見狀，便將蘇東坡調任至黃州。

後來，蘇東坡在黃州的秋天，親眼見到菊花凋落，才發現自己的錯誤。

這是一個典型的**客觀謬誤**，因為蘇東坡的推論基於有限的個人經驗，誤認為所有菊花都不會被風吹落。他的誤解來自於「**局部經驗代表全體**」的錯誤推理，直到他親自觀察到例外情況，才發現自己的錯誤。

## 第四章　詭辯與辯論的界線

### (2)「天下的烏鴉都是黑的」

另一個常見的客觀謬誤是「天下的烏鴉都是黑的」：

這句話在過去被廣泛接受，因為大多數人看到的烏鴉確實是黑色的。

但隨著科學研究的進步，人們發現了**白色烏鴉**（如澳洲的白化烏鴉）。

這證明「所有烏鴉都是黑的」的論點是錯誤的。

這類謬誤的根本問題在於「**有限觀察導致普遍化推論**」，即僅依賴自身經驗或過去的知識，而沒有考慮例外情況。

## 主觀謬誤的案例

主觀謬誤（Subjective Fallacy）指的是個人因偏見、信仰或不完整的推理模式而得出的錯誤結論，通常表現在日常推理、哲學討論或政策辯論中。

### 「加班可以提升業績」的推論

例子：「如果每個員工每天多加班兩小時，公司業績一定能翻倍！」

分析：

這種說法忽略了：

- 員工的體力與心理壓力，過勞可能導致效率下降。

- 企業業績受市場需求影響,不是單靠工時增加就能翻倍。
- 某些職位(如創意產業)過長工時反而可能降低產能。

這屬於「單一變數決定結果」的主觀謬誤,忽視了其他影響因素。

## 如何區分謬誤與詭辯

| 比較項目 | 謬誤(Fallacy) | 詭辯(Sophistry) |
|---|---|---|
| 動機 | 無意的錯誤 | 刻意誤導或操控 |
| 是否認錯 | 發現錯誤後願意修正 | 即使明知錯誤也不承認 |
| 推理錯誤 | 來自邏輯謬誤、資訊不足或過度簡化 | 透過話術、偷換概念或情緒操控來混淆對方 |
| 例子 | 「天下的烏鴉都是黑的」 | 「如果不同意這個政策,你就是不愛國!」 |

謬誤通常源自知識或邏輯上的錯誤,而詭辯則是刻意使用似是而非的語言來誤導他人。

## 結論

謬誤是**邏輯推理中的錯誤**,可分為:

- **客觀謬誤**:因資訊不完整或錯誤知識導致的錯誤(如「天下烏鴉皆黑」)。

第四章　詭辯與辯論的界線

* **主觀謬誤**：因個人信念、偏見或過度簡化導致的錯誤（如「不生小孩，臺灣將變無人島」）。

在日常生活中，我們可以透過**檢視前提、要求數據、避免過度簡化**來辨識謬誤，並確保我們的推理基於邏輯與證據，而非主觀假設或錯誤推論。

## 主觀謬誤與信仰推理的區別

上述案例中，牛頓在回應牧師本特雷波的問題時，使用了「**神力推動行星運行**」的論述，這是一種**主觀謬誤**（Subjective Fallacy），因為它依賴於個人信念或主觀看法，而非可驗證的科學證據。這類推理的特徵在於，它**缺乏客觀證據**支持，但因個人信仰或世界觀而被當作真理。

### 何謂主觀謬誤？

主觀謬誤發生在：

* **個人信仰或偏好**被當作論證基礎，而非經過客觀驗證。
* 以「**我相信，所以是真的**」的方式來推理，而非透過邏輯或實證方法來支持主張。

204

# 主觀謬誤與信仰推理的區別

- 當反對者質疑時,辯護方式通常不是提出客觀證據,而是訴諸個人信念或權威。

在牛頓的例子中,他沒有解釋「**橫向推力**」的物理來源,而是直接將其歸因於「**神的力量**」,這等同於用未經驗證的假設填補科學上的未知領域,這便構成了**主觀謬誤**。

## ▍主觀謬誤 vs. 詭辯

雖然主觀謬誤和詭辯有時會混淆,但兩者有顯著區別:

| 比較項目 | 主觀謬誤 | 詭辯 |
| --- | --- | --- |
| 動機 | 基於個人信仰或主觀看法,而非故意誤導 | 刻意操弄論點,使其看似合理但實際上是錯誤的 |
| 證據需求 | 依賴個人經驗、信仰或權威,缺乏客觀證據 | 可能有證據,但證據與結論無關或被歪曲 |
| 對錯誤的態度 | 可能是真誠的,但不願接受理性挑戰 | 即使明知錯誤,也會繼續辯護以維護自身立場 |
| 常見手法 | ・訴諸個人信仰(「我相信,所以是真的」)<br>・訴諸權威(「牛頓這麼聰明,他說神存在,所以神一定存在」) | ・偷換概念(用模糊的語言混淆事實)<br>・轉移話題(當被反駁時,改談其他無關話題) |

在牛頓的例子中,他可能是真誠地相信神的作用,而非刻意誤導,因此這屬於**主觀謬誤**,而非詭辯。

## 第四章　詭辯與辯論的界線

## 現實生活中的主觀謬誤案例

主觀謬誤不僅存在於科學與宗教討論中，也廣泛出現在各種社會議題中，例如：

(1) 節能減碳的誤導性推論

例子：

「只要大家每天少開一小時冷氣，**臺灣一年就能減少 30 億度電，這對環境有極大的貢獻！**」

分析：

這種推論假設了所有家庭每天都會開冷氣，且都能減少同樣的使用時間，這忽略了實際情況（例如：有些家庭本來就不常開冷氣），因此是**主觀推測**，而非經過客觀計算的結論。

(2) 少子化危機的誇大推論

例子：

「如果每對夫妻都不生小孩，**臺灣幾十年後就會變成無人島！**」

分析：

這種說法假設「所有夫妻都不生育」，但現實中仍有不少家庭選擇生小孩，因此這種推論建立在不合理的假設之上，**屬於主觀謬誤**。

(3) 企業管理中的過度簡化

例子：

「如果每個員工每天多加班兩小時，公司的業績一定能翻倍！」

分析：

這忽略了勞工體力、工作效率、產能極限等因素，並非所有工作都能單純靠延長工時來提升產值，因此這也是一種**過度簡化的主觀推論**。

## 如何應對主觀謬誤？

面對主觀謬誤，應當以**理性思維與科學方法**來回應：

1. **要求證據：**
   - 「這個結論有數據支持嗎？是怎麼計算的？」
   - 「是否有實驗或統計數據來驗證這個推論？」

2. **檢視前提是否合理：**
   - 「這個推論的假設條件是否成立？如果條件改變，結論會如何變動？」

3. **提供更嚴謹的推理方式：**
   - 「比起這種假設，我們是否可以透過資料得出更精確的結論？」

第四章　詭辯與辯論的界線

- 「我們是否可以用**實證研究**來檢驗這個觀點，而非依賴個人信仰？」

## 結論

牛頓在行星運動問題上的回答，典型地反映了一種**主觀謬誤**：他並沒有提供物理學上的解釋，而是訴諸神的力量來填補知識空白。這類推論並非出於惡意誤導，因此不構成詭辯，但仍然缺乏科學驗證。

在現實生活中，我們經常遇到這類主觀謬誤，無論是在節能減碳、少子化、企業管理，甚至是政策辯論中。要避免落入這類謬誤，關鍵在於**要求數據支持、檢視推論前提**，並用**理性方式回應**，以確保我們的觀點是建立在**邏輯與證據之上**，而非主觀信念。

## 謬誤與詭辯的區別

在邏輯與辯論中，「謬誤」與「詭辯」都是推理錯誤的表現，但兩者**本質上有顯著差異**。謬誤通常是**無意的推理錯誤**，而詭辯則是**刻意的邏輯操弄**。以下將從多個層面分析兩者的不同。

## 形式上的相似點

從語言表達與邏輯結構來看,謬誤與詭辯都可能表現為:

- **以偏概全**:根據單一或少數案例推及整體,例如「天下的烏鴉都是黑的」。
- **前提虛假**:使用錯誤的假設進行推理,例如「牛頓以神力解釋行星運動」。
- **邏輯錯誤**:結論與前提之間的關聯性不成立,或犯下循環論證、錯誤類比等問題。

這些錯誤可能出現在無意識的錯誤推理中(謬誤),也可能是刻意誤導的策略(詭辯)。

主要區別

| 比較項目 | 謬誤 | 詭辯 |
| --- | --- | --- |
| 是否故意 | **通常是無意的**,由於知識不足、推理能力欠缺或誤解事實導致 | **有意為之**,目的是誤導他人或混淆視聽 |
| 動機 | 追求真理,但因邏輯錯誤而得出錯誤結論 | 目的是**獲取優勢、誤導輿論、掩蓋事實**,而非尋求真相 |
| 對錯誤的態度 | 當發現錯誤時,**願意承認並修正** | 即使明知錯誤,**仍會強詞奪理、不願認錯** |

第四章　詭辯與辯論的界線

| 比較項目 | 謬誤 | 詭辯 |
|---|---|---|
| 是否具有學習性 | **具備學習與進步空間**，能透過反思修正推理方式 | 缺乏學習性，往往只是為了達成特定目的而故意使用謬論 |
| 常見手法 | ・以偏概全<br>・錯誤類比<br>・相關不等於因果 | ・**偷換概念**（故意模糊概念，使論點變得似是而非）<br>・**移花接木**（斷章取義，歪曲對方的論點）<br>・**訴諸情感**（用情緒取代理性辯論）<br>・**人身攻擊**（攻擊對方個人而非論點） |

## 具體案例比較

### 謬誤的例子

1. 以偏概全

「我認識的幾個大學生都很懶惰，所以大學生都不愛學習。」

**分析**：這是根據少數案例推及整體，忽略了大學生群體的多樣性。

2. 錯誤因果

「自從我們開始環保回收，氣候變遷問題就更嚴重了，這表示環保回收沒有用。」

**分析**：這是假設兩件事有因果關係，卻沒有證據支持。

## ◾ 詭辯的例子

### 1. 偷換概念

甲:「政府應該提高基本工資,改善勞工生活。」

乙:「提高基本工資會讓企業倒閉,難道你希望大家都失業嗎?」

**分析**:甲的論點是提高基本工資以改善勞工待遇,乙卻偷換為「提高薪資=企業倒閉=大家失業」,刻意誤導討論方向。

### 2. 移花接木

記者:「請問您的政策為何沒有落實?」

政治人物:「我們國家正在面臨很多挑戰,比如全球經濟衰退、環境問題,這些才是我們當前最重要的事情!」

**分析**:這是典型的轉移焦點,把問題推向其他議題,讓原問題無法得到解答。

### 3. 訴諸情感

「如果你真的愛國,就應該支持這項政策。」

**分析**:這不是理性論證,而是用愛國情感來壓制反對者的意見,使其不敢發聲。

### 第四章　詭辯與辯論的界線

## 如何應對謬誤與詭辯？

### ◼ 面對謬誤

- 以耐心與理性**指出邏輯錯誤**，幫助對方理解錯誤之處。
- 提供**更完整的資訊**，讓對方能修正自己的觀點。
- **避免直接指責**，而是以問題的方式引導對方思考：「你認為所有大學生都懶惰，這個結論是如何得出的呢？」

### ◼ 面對詭辯

- **拆解詭辯手法**，直接點出對方使用了偷換概念、轉移焦點或情感訴求等技巧。
- **要求對方回到核心議題**，不讓對方模糊焦點，例如：「我們在討論政策執行問題，而不是全球經濟，你還沒回答我的問題。」
- **不陷入情緒化反應**，以冷靜的方式應對詭辯者的攻擊，避免落入對方設下的語言陷阱。

## 結論

謬誤與詭辯在形式上可能相似，但**核心差異在於動機與態度**：

- **謬誤是無意的推理錯誤，可透過學習修正。**
- **詭辯是故意的邏輯操弄，目的是混淆視聽、誤導他人。**

在日常生活、辯論場合或社會議題中，我們都應該**培養批判思考能力**，不僅要能辨別謬誤與詭辯，更要學會如何有效回應，以確保討論的公正性與理性。

準確區分謬誤與詭辯至關重要。謬誤往往是由於知識局限或錯誤推理所致，而詭辯則是出於故意的曲解。理解這一點，對我們提升辯論技巧、辨識不當論證至關重要。

# 反駁論證中忌以假代真

## 以假代真是什麼？

在辯論中，假言判斷是常用的邏輯辯論方式之一，因為它能夠有效地支持或反駁某個觀點。然而，在使用假言判斷時，我們需要注意，有些看似正確的假言判斷其實是錯誤的、虛假的。我們可以將這種虛假的假言判斷稱為「以假代真」。這種現象在辯論中相當普遍，不論是論證方還是反駁方，若使用這種手法，往往會陷入誤區，因此，我們必須提高警覺，盡量避免在辯論中犯這種錯誤。

### 一個辯論比賽的例子

某大學舉辦了一場辯論比賽，題目是：「能力的培養是否比知識的學習更為重要？」正方在辯論中提出：「一個人如果只擁

## 第四章　詭辯與辯論的界線

有知識而缺乏能力，那麼他又怎麼能實現知識的價值呢？」反方也用類似的方法反駁道：「一個人如果只擁有能力而缺乏知識，那麼又怎麼能發揮能力的作用呢？」雙方就此問題展開了激烈的辯論，最終始終無法達成一致，結果不了了之。

實際上，正方和反方所用的假言判斷都是錯誤的。無論一個人對知識和能力的理解如何，他都不可能單單擁有知識或單單擁有能力。知識和能力的本質決定了它們之間是密切相關的，無法割裂開來。任何人都無法單獨具備其中一項而缺乏另一項，這樣的假設是虛假的，無法成立。因此，這場辯論的根本問題就在於將知識和能力割裂開來，這是一個典型的「以假代真」。

## 如何避免陷入以假代真的陷阱

在這種情況下，一位高明的辯手應該放棄這種無效的假言判斷，選擇揭示對方辯論中的漏洞，並為自己的觀點構建一條合理的論證路徑。這樣，不僅能否定對方的立場，還能提升辯論的層次，從而扭轉局勢。如果像上述例子一樣陷入這種無解的爭論中，不僅無法取得實質性的成果，還會讓辯論變得更加混亂。

## 「以假代真」的案例

「以假代真」在現實生活中的常見例子，往往是**基於看似合理的假設，但實際上忽略了現實條件，導致推論失真**。這樣的現象不僅出現在政治宣傳、社會議題討論，也經常出現在商業行銷與日常對話中。

### 政策宣導中的「以假代真」

某市長在推廣公共運輸時表示：「如果每位市民每天都搭乘大眾運輸工具，我們的城市將不再有塞車問題，空氣汙染也會大幅改善。」這種論述假設**所有人都可以改用大眾運輸**，但實際上，許多市民的工作地點、大眾運輸的便利性、通勤時間等因素，都影響了他們的選擇，因此這種說法忽略了現實的多樣性，過於理想化。

### 企業管理中的「以假代真」

某企業高層在激勵員工時說：「如果每個人都能比現在多工作兩小時，公司業績將翻倍，員工的薪資也會翻倍。」這種說法看似激勵人心，但它**忽略了市場需求、勞動效率與個人能力的差異**，並非所有工作都能透過加班來提高產值。若過度強調這種不切實際的推論，反而可能造成員工過勞，影響整體生產力。

## 第四章　詭辯與辯論的界線

### ■ 環保議題中的「以假代真」

某環保團體在宣導減塑時說：「如果每個人都改用環保袋，全世界的塑膠垃圾問題就能解決。」這種說法雖然具有宣導價值，但實際上，**塑膠垃圾的產生涉及食品包裝、醫療用品、工業製品等多種因素**，單純依靠消費者改變購物習慣，並無法徹底解決塑膠汙染問題。

### ■ 教育改革中的「以假代真」

某教育專家表示：「如果學生每天多讀一小時書，他們的學習成績一定會顯著提升。」這種論述假設所有學生的學習方式與成效都相同，但事實上，**學習效果取決於方法、專注力、理解能力等因素**，單純增加學習時間未必能有效提升成績，甚至可能適得其反。

### ■ 健康與健身中的「以假代真」

某健身教練說：「如果你每天做 100 個仰臥起坐，就能擁有六塊腹肌。」這種說法誤導了大眾，因為**腹肌的顯現不僅取決於運動量，還與飲食控制、體脂率等因素密切相關**，單靠仰臥起坐並無法達成這樣的效果。

## 理性思考，避免誤導

這些例子顯示，「以假代真」的推論**通常忽略關鍵變數，過於簡化現實，甚至有時故意誤導**。因此，在聽到這類言論時，

我們應該培養批判思考能力，審慎分析其假設是否符合現實，避免被表面上看似合理的推論所誤導。

## 「以假代真」的迷惑性

「以假代真」之所以存在市場，是因為它能夠透過簡化事物來迷惑觀眾。具體來說：

1. 以「純」代「雜」：事物往往是複雜的，而有些人卻將複雜的事物簡化為單一的屬性。例如：在上面提到的例子中，知識和能力本來是相輔相成的，卻被硬生生地分開來對立，這就脫離了事物的真實本質，屬於「以假代真」。

2. 以「偏」代「全」：有些情況下，部分事物的屬性是正確的，但將其推廣到整體時則會出現錯誤。例如：將某個個體的行為強加到全體，會產生不正確的結論。在邏輯學中，這種情況屬於錯誤的類比。

## 結論

「以假代真」往往會使我們陷入推理的迷思，迷惑聽眾或辯論對手。在進行論證和反駁時，我們應該保持謹慎，對假言判斷的前提進行仔細的審視。只有確認前提是真實且合理的，才能進行有效的辯論，否則，我們可能會自食其果，後悔莫及。

## 第四章　詭辯與辯論的界線

# 避免進行人身攻擊

## 人身攻擊是什麼？

在辯論中，常見的錯誤之一是進行人身攻擊。人身攻擊是指在辯論過程中，針對對方的個人特質進行抨擊，而不是聚焦於辯論的議題本身。這種做法通常無法解決問題，反而會將辯論從理性討論轉向情緒對抗。

## 歷史上的人身攻擊案例

一個著名的例子出現在達爾文進化論傳播之後，英國教會舉行了一場辯論會。在最後一天，一位主教試圖透過人身攻擊挽回局面，他說：

「赫胥黎教授就坐在我身邊，他想等我一坐下來就把我撕成碎片，因為按照他的信仰，他原本是猴子變的嘛！不過，我倒要問問，這個猴子後代的資格，到底是從祖父那裡得來的呢？還是從祖母那裡得來的呢？」

這明顯是一種人身攻擊，主教並未討論進化論的理論，而是試圖侮辱赫胥黎。赫胥黎機智地回應道：

「我斷言──我重複斷言：要說我是從那些彎著腰走路、智力不發達的可憐動物中起源的，我並不羞恥；相反，要說我

起源於那些自稱有才華、社會地位很高,但卻胡亂干涉自己茫然無知的事物,任意抹殺真理的人,那才真正可恥!」

這一回應不僅揭露了對方的無理,更用理智和智慧回應了對方的侮辱,避免了與對方陷入同樣的低級人身攻擊。

## 日常生活中的人身攻擊

在日常生活中,我們也經常看到辯論者在無法應對問題時轉向人身攻擊。例如:有人可能會批評對方的口音、外貌、語氣或語法等,這些與辯論的核心問題毫無關聯。無論是評論對方的穿著還是挑剔語言,都無助於解決辯論中的問題,這些都屬於人身攻擊,完全違背了辯論的本意。

作為說話者,我們應該注意言辭和態度,做到理直氣和、和氣致辭,避免將注意力集中在對方的個人問題上。作為聽者,也應該不被對方的態度左右,最終,態度無法決定觀點的正確與否,只有理性與事實才能引領我們走向真理。

## 人身攻擊的錯誤與後果

人身攻擊是錯誤的,它不過是無力反駁的表現。正如魯迅所言:「謾罵絕不是戰鬥。」謾罵只能反映出辯論者的弱勢,真正的辯論應該以理服人、以智取人,而不是依賴這種低級手段。謾罵不僅使對方受到攻擊,嚴重時在法律上也不被允許,並且

## 第四章　詭辯與辯論的界線

會嚴重損害自己的信譽。無論聽眾如何，當謾罵出現時，辯論者必然被視為無能。

法國有一句格言：「罵人是無理者的道理。」當一個人無法透過理性解釋來支持自己的立場，卻選擇用謾罵和侮辱來掩蓋自己的無知時，這樣的行為是完全不值得提倡的。列寧曾指出：「政治上的謾罵往往掩藏著謾罵者毫無思想原則，束手無策 ── 軟弱無力。」因此，當威脅和侮辱性的語言在辯論中頻繁出現時，真理便不再存在，因為它已經被情緒與無理取鬧所取代。

### 結論

辯論的目的應該是尋求真理，而非互相攻擊。在辯論過程中，我們應該專注於問題本身，避免將焦點轉向對方的個人特質。只有保持理性、冷靜和智慧的態度，我們才能在辯論中獲得成功，避免陷入無謂的人身攻擊，從而真正做到以理服人。

## 金戈鐵馬，辯鋒犀利

### 辯論是強有力的武器

辯論是人們常用的、最正當而且最有效的武器。就像其他武器一樣，辯論的武器形式各異，使用的方式也各有不同，這

些武器的鋒利程度也因應情境而有所變化。語言，亦是如此。如果我們對語言的運用不夠了解，即使最鋒利的武器也無法發揮其應有的效果。

## 語言的鋒利程度

有時，我們的語言像剃刀般鋒利無比，能夠迅速切入問題的核心；有時，語言又像長矛一樣，能夠深深刺穿對方的防禦。談到語言的鋒利，不同的情況下展現的利刃也各不相同。

## 不同的語言工具

有些語言像小刀，能夠進行廣泛的切割；有些像武士刀，足以將人一分為二；有些語言像鋸子，能將大木劈開；還有的像斧頭，能夠砍斷堅硬的物體。但事實上，剃刀的功能最多也就是裁紙、削筆或是刮刮鬍子，無論多鋒利，也無法完成更艱難的任務。

## 語言的多樣性與適用性

若要切割、砍斷那些更巨大或堅硬的東西，剃刀是不適用的。同樣，武士刀的斬擊，雖然技藝精湛，但面對參天巨木，也難以輕鬆應對。若要砍斷大木，必須使用鋸子或斧頭這類更

## 第四章　詭辯與辯論的界線

具破壞力的工具。但若拿鋸子或斧頭來刮鬍子,那就完全不合適了。

語言亦如此,有些語言的鋒利如剃刀,有些如武士刀,而有些則如斧頭,它們各有用途,正如每個人的面貌都不相同,各具特色。

### 什麼是鋒利的語言?

哪一種語言最為鋒利,這與每個人的立場和工作環境息息相關,因此無法一概而論。不過,有一點是毋庸置疑的,那就是:「小不能兼大,大可以兼小。」換句話說,剃刀無法砍斷巨木,但斧頭卻能完成較為精細的工作,雖然使用上不太合適,但最終還是能達到削切的目的。

總結來說,不管是剃刀、菜刀還是武士刀,都必須保持鋒利,否則就無法發揮其真正的價值。

### 結論

語言猶如武器,其鋒利程度與應用方式決定了溝通與辯論的效果。在不同情境中,語言可以像剃刀般精準細膩,也可如斧頭般強而有力。關鍵在於靈活選擇合適的表達方式,讓語言在適當時機發揮最大效能。正如武器需經磨練才能保持鋒芒,

語言也需不斷學習與鍛鍊,才能在辯論、說服與溝通中展現真正的力量,達到預期目標並影響他人。

# 寸鐵可以致人於死地

## 語言的力量與磨練

經常說話的人,腦筋就會得到磨練。然而,話說回來,語言如果使用過度,又會出現麻煩,不是有句俗話說「過猶不及」嗎?這就是說,語言若使用過度,效果反而大減。

## 言簡意賅的力量

「寸鐵可以致人死命」這句話說明,話若簡潔,但充滿力度,就會產生無法抵擋的力量。語言的使用是否得當,就要從這一點來衡量。簡單明瞭的語言常常能產生意想不到的效果。

## 語言的恰到好處

一言以蔽之,話要說得恰到好處。過多的言辭往往讓人無法集中注意力,反而削弱了表達的效果。因此,言語的簡潔與直接才是關鍵。

## 第四章　詭辯與辯論的界線

### 語言技巧與思維配合

比這更為重要的是，在發表講話時，如何讓腦筋與語言配合，從而使得表達產生最好的效果。因為，同樣是一把刀，如果技巧拙劣，原本能夠一砍兩斷的動作，可能會變得困難重重；相反，如果技巧高超，原本難以完成的事，也許一刀就能達成。

### 言辭與心思的差異

這一切都說明了一個道理：平時頭腦敏捷、果斷的人，有時卻無法將心中所思完整地表達出來；而那些平時不善言辭、說話結結巴巴的人，有時卻會突然間滔滔不絕，展現出流暢的辭才。這種現象的產生，究竟是為什麼呢？

### 技巧與效果的關係

**剛與柔、強與弱，並非單純的對立，而是在不同條件下相互轉換的**。紙看似柔軟，但在特定的技巧與運用下，足以劈開木筷；刀鋒銳利無比，但修行者透過特殊的步法與心法，能夠從容踏過而不受傷。這正印證了**剛柔並濟、巧勝於力**的道理。

這種現象不僅展現在武術與修行之中，也適用於生活與辯論。許多時候，看似柔弱的言辭或策略，在適當的時機與環境下，能夠產生強大的影響力；而單憑蠻力或鋒芒畢露的言語，

反而容易被對手輕易化解。這與「以柔克剛」的哲學不謀而合，也正是許多高明策略背後的智慧。

因此，無論在爭辯、決策還是人際交往中，我們都應該理解並靈活運用這種**剛柔相濟**的原則。有時候，真正的力量不在於強硬的姿態，而在於對時機的掌握與對策略的精妙運用。

## 結論

語言的力量不僅取決於內容，更關鍵的是表達的方式與時機。簡潔有力的話語往往能產生巨大影響，而過度冗長則可能削弱效果。剛與柔、強與弱並非絕對對立，而是依情境相互轉換，巧妙運用才能達到最佳效果。真正的語言藝術在於掌握恰到好處的表達，透過精準措辭與靈活策略，使話語在溝通、辯論與決策中發揮最大的影響力。

# 巧妙運用語言的藝術

## 語言表達與思維的關係

思想的價值，在於能夠被有效地傳達。即使一個人擁有極具創見的想法，若缺乏清晰的表達能力，那麼這些構想便無法真正發揮作用，甚至會被忽視或遺忘。語言是思維的橋梁，它

## 第四章　詭辯與辯論的界線

不僅是傳達資訊的工具，更是展現個人影響力的關鍵。聰明才智若沒有相應的語言技巧加以支撐，便難以為人所知。

### 語言表達的遺憾

許多人並非不善言辭，而是常在關鍵時刻無法準確傳達內心所想，導致失去影響局勢的機會。這種情況就像擁有強大的武器卻無法發射，令人惋惜。即便具備敏銳的思維，若缺乏語言的支撐，也容易陷入困境，讓機會白白流失。

### 語言技巧的重要性

語言是溝通與影響力的核心。在辯論或交涉中，語言技巧可分為攻擊性與防禦性兩類。攻擊性語言應具有震撼力，使對方難以反駁；而防禦性語言則需具備拆解對方論點的能力，以確保自身立場不被動搖。無論是哪一種，都需要巧妙運用，以適應不同的對話情境。

### 語言技巧與反應能力

語言表達不只是言詞的組合，更考驗一個人的臨場反應與應變能力。在對話或爭論中，影響結果的關鍵不僅是言辭的鋒芒，更是頭腦的靈活性。何時進攻、何時防守、何時迴避、何時直擊，都取決於說話者對語境的掌握與應變能力。

## 精神準備與語言的力量

擁有語言能力的人,還需具備相應的心理素養,才能真正發揮語言的影響力。良好的心理準備,使人在言談時更具自信,進而展現強大的說服力。若欠缺精神上的架勢,即使語言再精妙,也可能在壓力下失去應有的效果。因此,語言的力量不僅來自技巧,更來自內心的穩定與自信。

## 結論:掌握語言,成就影響力

語言是一種藝術,更是一種武器。巧妙運用語言,不僅能夠有效傳達思想,還能在各種場景中發揮影響力。透過提升語言技巧、增強應變能力並做好心理準備,每個人都能在溝通與辯論中占據有利位置,展現自身價值,影響他人,從而取得更大的成功。

# 心理準備比言辭技巧更關鍵

## 內心穩定是表達的基礎

在古代武術中,真正的高手並非僅靠技術取勝,而是先戰勝自己的內心。以日本著名劍聖宮本武藏為例,他能夠達到「劍心合一」的境界,並非因為技巧高超,而是因為他深諳「克敵之

## 第四章　詭辯與辯論的界線

前，先克己」的道理。這種「克己」的精神，其實就是戰勝內心的恐懼與動搖，也就是現代心理學所說的「避免心理內攻」。

「心理內攻」指的是當一個人面對壓力或關鍵時刻時，內心出現劇烈波動，導致無法發揮正常表現。例如：許多人在公眾演講時，明明準備充分，卻因為緊張而語無倫次，或在重要場合因心慌而說錯話，這都是心理內攻的結果。

## 何謂心理內攻？

心理內攻是指一個人因恐懼、焦慮或壓力過大，導致無法正常思考與表達的狀態。這種現象可能表現為：

- **緊張到語無倫次**：如在宴會上致詞時，突然腦袋一片空白。
- **身體反應異常**：如心跳加速、手心冒汗、聲音顫抖、面紅耳赤等。
- **思維短路**：如本來熟悉的內容，在壓力下完全記不住。

心理內攻的根源在於大腦的過度反應，當人面對壓力時，神經系統會迅速啟動，使腦波變得混亂，進而影響語言與行動的協調性。

### ◼ 為何心理內攻會發生？

心理內攻的現象與神經傳導的敏感度有關。簡單來說，人的神經可分為「遲鈍型」與「敏銳型」：

- **遲鈍型神經**：傳導速度較慢，因此較少出現怯場或過度緊張的情況。
- **敏銳型神經**：傳導速度快，對外界刺激反應強烈，因此容易出現怯場、焦慮等現象。

在運動競技中，優秀的選手往往具備高度敏銳的神經，同時擁有足夠的心理穩定度，這樣才能確保身體與思維協調運作。然而，一般人若缺乏心理訓練，敏感的神經系統容易因壓力而失衡，導致表現失常。

## 大腦與壓力的關係

即使人在睡眠狀態，大腦仍然在活動，只是運作強度降低至平時的十分之一。這也是為何人在極度疲勞時，仍然會做夢，因為大腦始終處於運作狀態，只是強度不同。

當人面對壓力時，大腦的運作強度會迅速提升，例如：

- **平靜時**，腦波呈現穩定且低頻的波動（約每秒 2～3 次）。
- **思考時**，腦波提升至每秒 10～15 次。
- **壓力過大時**，腦波激增至每秒 30 次以上，導致思緒混亂、無法集中注意力。

這解釋了為何人在緊張時，容易語無倫次或身體僵硬，因為大腦的負荷超過了正常處理範圍。

第四章　詭辯與辯論的界線

## 如何克服心理內攻？

克服心理內攻的關鍵在於訓練心理穩定性，避免大腦在壓力下過度反應。以下幾個方法能有效提升心理素養：

**(1) 深呼吸與放鬆訓練**

當你感到緊張時，試著進行深呼吸，讓身體進入放鬆狀態，這能有效降低腦波的波動幅度，減少焦慮感。

**(2) 情境模擬訓練**

透過不斷練習，讓自己適應高壓環境。例如：想像自己正在演講，並反覆練習演說內容，讓大腦習慣這種情境，從而降低緊張感。

**(3) 改變思維模式**

不要把每一次表達當作「生死攸關」的考驗，而是視為一次學習與進步的機會。放下對完美的執著，反而能幫助你在壓力下發揮更好的表現。

**(4) 自我暗示與心理建設**

在重要場合前，給自己積極的心理暗示，例如：「我已經準備充分，一切都會順利進行。」這能有效減少焦慮感，提高自信心。

## 結論：心理準備決定表現成敗

心理素養是影響語言表達與行為反應的關鍵因素。即使一個人擁有高超的語言技巧，若心理準備不足，在關鍵時刻仍然可能失敗。因此，要想真正掌握表達能力，除了提升語言技巧外，更重要的是訓練內在的心理穩定性，確保自己在壓力下依然能夠從容應對，發揮最佳表現。

# 勝己者，方能制人

## 內在的焦慮與緊張

許多容易怯場、心慌的人，往往是神經敏感、思維活躍的類型。他們的大腦如同被高度調校的樂器琴弦，隨時處於緊繃狀態，稍有刺激便迅速產生強烈反應。因此，這類人對外界的聲音、視覺、觸覺等感官刺激極為敏感，使得他們的內心幾乎沒有片刻的安寧。

這種過度敏感會帶來負面影響，讓人在關鍵時刻表現失常。例如：有些人內心思考極為清晰，但當需要公開表達時，卻無法順暢地陳述自己的想法，導致表現與實力嚴重不符。這種現象即為「心理內攻」，即自身的心理壓力超過了承受範圍，導致行動力受限。

# 第四章　詭辯與辯論的界線

## 內向與表達的障礙

內向性格並非缺陷，它往往與深刻的思考能力、戒慎的態度以及強烈的自省意識並存。然而，在當今競爭激烈的社會，內向者若無法克服表達上的障礙，往往會錯失許多機會，甚至影響個人成長與發展。

**內向性的類型可分為兩種：**

- **負面內向** —— 因極度緊張、未能滿足內在需求或心理失衡而形成的自我封閉現象，容易導致膽怯、焦慮、缺乏自信。
- **正面內向** —— 擁有高度自制力與慎思熟慮的能力，能在表達與行動之前細緻推敲，讓言行更加穩重可靠。

擁有正面內向性格的人，雖然不善於即興發揮，但在深思熟慮後的決策往往極具價值。若能適當發展溝通技巧，這類人甚至能在競爭社會中發揮遠超外向型人的影響力。

## 如何克服內向的消極影響？

要克服「負面內向」，最關鍵的，是掌控內心的焦慮與自我懷疑。以下幾種方法能幫助內向者提升表達力與心理韌性：

### (1) 調整心理狀態，建立穩定的內在

內向者容易在面對重要場合時因焦慮而失常，這往往源於過度專注於自我缺陷，而忽略了實際表現的重要性。因此，在

進行公開演說、社交或表達意見時,應將注意力從「我會不會失敗?」轉移到「我如何清楚地表達我的想法?」

### (2) 避免過度壓抑,適時釋放內在情緒

長期壓抑不滿或焦慮感,容易形成內向性格的惡性循環,進一步加重內心的束縛。因此,內向者應學會適時表達自己的情緒,如透過書寫、藝術創作或適當的運動來釋放內在壓力,使心理維持均衡狀態。

### (3) 訓練公開表達的能力

內向者常因不習慣當眾表達而缺乏自信,因此,應透過刻意練習來逐步建立公開表達的能力,例如:

- 每天對著鏡子練習講話,增強對自己聲音與表情的掌控。
- 參與社交活動,透過與不同人交流來熟悉不同的對話情境。
- 在小範圍內進行公開發言,如參加讀書會、討論小組,讓自己逐步適應公開表達的壓力。

### (4) 轉移焦點,避免情緒內縮

當人們因焦慮而過度專注於「自己做得如何」時,內心的緊張感會進一步放大。因此,應學會將焦點放在「對方是否理解我所說的內容」,而非「我表現得好不好」。這種思維轉換,能有效降低心理壓力,讓表達變得更自然流暢。

## 內向與理性：如何達到內在均衡？

內向者的優勢在於理性思考能力強，擅長分析與推敲。然而，若內心充滿未能滿足的欲望或過度焦慮，便容易陷入「心理內攻」，最終導致行動受限。因此，關鍵在於找到理性與感性的平衡點，使內心能夠保持穩定的狀態。

有些人因為自尊心太低，導致在表達時顯得膽怯與自卑，這往往來自於長期的負面內向性格。然而，若能將內向特質轉化為審慎思考的優勢，並培養適當的表達技巧，則能成為一種極具價值的個人特質。

**以下是內向者可能發展出的優勢：**

- **慎重與深思熟慮**：能夠在發言前仔細推敲，確保表達的內容具有價值。
- **自省與成長意識**：能夠不斷自我反思，並在過程中找到進步的方法。
- **高度專注力**：擅長深入研究與分析，使自己在某些專業領域中脫穎而出。

## 克服自卑，提升心理管理能力

內向者若能有效管理心理狀態，便能將內在的敏銳度轉化為優勢，使自己的思維與表達並行不悖。當情緒開始不穩定

時，應該立刻進行「心理管理」，以避免情緒內縮。

以下是幾個有效的心理管理方法：

- **即時調整情緒**：當感到焦慮或緊張時，試著轉移注意力，專注於手邊的任務，而非自身的情緒。
- **尋找替代焦點**：若某種情緒無法立即消除，可試著將其轉換為另一種可接受的情緒。例如：嫉妒可以轉化為自我激勵，恐懼可以轉化為挑戰心態。
- **建立心理防線**：當遭遇外界批評或壓力時，學會區分哪些是有建設性的建議，哪些只是無謂的負面評價，避免讓自己陷入過度自我懷疑。

## 結論：勝己者，方能制人

真正的強者，不是能夠操控他人，而是能夠掌控自己。內向者若能戰勝內在的焦慮與不安，將內向的特質轉化為深思熟慮的優勢，便能在競爭激烈的社會中發揮出色的影響力。

內向性格並不可怕，關鍵在於如何運用它，使其成為個人成長的動力。透過訓練心理韌性、強化表達技巧與建立穩定的自信心，每個人都能在社會競爭中找到屬於自己的立足之地，真正達到「勝己者，方能制人」。

第四章　詭辯與辯論的界線

## 不卑不亢，方能立於不敗之地

### 巧妙應對，展現氣度

歷史上，不乏因言辭得當而獲得尊重，甚至仕途順遂的案例。康有為與張謇的對聯對答，即是一例。張謇仗著自己是前科狀元，故意以對聯試探康有為，使其陷入進退維谷的局面。面對這種挑戰，若康有為自詡「第一」，則顯得狂妄，若承認「第二」，則無形中屈居人下。但他機智地給出「不敢居後，不敢居先」的應對，既不卑不亢，又展現了儒者的謙遜與氣度，最終贏得張謇的敬重。

這種應對方式告訴我們，在人際交往中，既不能妄自菲薄，也不能自視過高。處於競爭或較量之中，應該學會掌握語言的分寸，展現自信但不逞強，維持尊嚴而不失禮數。

### 言簡意賅，展現智慧

阮宣子憑藉三個字「將無同」獲得官職，這不僅是語言藝術的展現，更是對應對能力的極致發揮。當太尉王衍詢問他關於老莊學說與儒家教化的異同時，他沒有冗長敘述，而是用極為簡潔的方式表達了「兩者既有相同也有不同」的微妙關係。這種「言簡意賅」的回答，不僅使人印象深刻，也展現了其深厚的學識與思辨能力。

這也提醒我們，在職場與社交場合，精確而富有內涵的言辭往往比長篇大論更能打動人心。許多人習慣滔滔不絕，但真正高明的說話者，能夠用最少的字句，表達最深刻的意思。

## 不卑不亢的處世智慧

無論是康有為的「不敢居先，不敢居後」，還是阮宣子的「將無同」，其共同點在於：既不刻意迎合，也不強勢對抗，而是巧妙地在平衡點上立足，展現智慧與氣度。這種處世之道，在現代社會同樣適用：

- **面對權威，不逢迎也不挑釁**：在與上級或長輩交談時，不刻意討好，也不故意對抗，而是以理服人，展現自己的見解。
- **面對競爭者，不自卑也不狂妄**：與人競爭時，既不妄自菲薄，也不傲慢輕視，而是展現自信與實力，讓對方對你刮目相看。
- **面對質疑，不懼怕也不激烈反擊**：當遭遇挑戰或質疑時，不急於反駁，而是用理性與邏輯回應，讓對方無法輕視你。

## 如何培養不卑不亢的談話能力？

要達到這種從容應對、不卑不亢的境界，需具備以下能力：

### (1) 提升語言組織力

精確的語言表達能力來自日常的積累與鍛鍊，可以透過閱

## 第四章　詭辯與辯論的界線

讀、寫作、練習即興演講來提升。面對問題時，能夠迅速找到最恰當的回應方式，而非隨意發言或沉默無語。

### (2) 強化臨場反應

臨場反應的敏捷度，決定了一個人在關鍵時刻的表現。可以透過模擬對話、參加辯論活動來提升自己在壓力下的表達能力，使自己能夠迅速給出機智且有力的回應。

### (3) 培養自信與從容心態

真正的從容，來自於內在的自信。面對挑戰時，若能心態穩定，不急於表態，而是冷靜分析形勢，自然能夠掌握語言的節奏，做出最適當的應對。

## 結論：立於理，則不卑不亢

不卑不亢，是一種智慧，也是一種實力的展現。無論是康有為的機智對答，還是阮宣子的簡潔妙語，他們的成功都來自於對語言的精準掌控與內在氣度的展現。在現代社會，無論是職場、社交還是學術領域，掌握這種處世方式，將能幫助我們贏得尊重，立於不敗之地。

# 第五章
## 捕捉破綻，亂中取勝

### 拆解謬誤，用邏輯讓對方自陷困局

#### 矛盾戰術：揭露論點內部邏輯缺陷的致勝之道

在辯論中，**矛盾戰術**的核心在於揭示對手論述內部的邏輯矛盾，使其陷入自相矛盾的困境，最終導致其論述瓦解。當對手的立場前後不一致、語意模糊，或在關鍵概念上自相矛盾時，便可藉由精準提問，使其無法自圓其說，進而影響觀眾與評審的判斷。

#### 戰術的應用：臺灣社會運動的案例分析

矛盾戰術在許多公共辯論與社會運動中發揮了關鍵作用，特別是在政策討論與政府決策透明度爭議的場合。

(1) 2014 年臺灣太陽花學運

在《海峽兩岸服務貿易協議》審查過程中，政府宣稱該協議將促進臺灣經濟發展，但同時又未向社會公開完整協議內容。

## 第五章　捕捉破綻，亂中取勝

這種矛盾立場成為學生領袖與公眾質疑的焦點。當時，學生代表林飛帆在公開演說中提出關鍵質問：

「如果這份協議真的對臺灣有利，為何政府不願讓人民充分了解？」

這一提問成功揭示了政府立場的矛盾：

- 若政府認為協議對臺灣經濟有益，那應該讓民眾了解並支持。
- 若政府不願公開細節，則是否隱藏了不利的部分？
- 這樣的態度是否反映了程序正義的缺失？

這種矛盾直接導致政府在社會輿論上陷入被動，使抗議獲得更多社會關注與支持。

### (2) 2015年臺灣反高中課綱微調運動

在**歷史課綱微調**的爭議中，教育部強調課綱調整的目的在於**增強學生的歷史認同感**，但卻未經完整公開討論，亦未讓學生參與決策。學生抗議政策的不透明，並提出**精準反問**：

「如果這項改變真的是為了學生好，為何不讓我們參與討論？」

這一提問成功暴露政府論述的矛盾：

- **若課綱微調確實有益於學生，那麼學生應該被納入討論。**
- **若學生無法參與討論，則政府的「為學生好」是否只是單方面的認定？**

* 政策透明度的不足是否反映政府的不信任，甚至是一種不當操控？

透過這種質疑，學生運動獲得更廣泛的支持，讓政府面臨更大的壓力。

## 如何在辯論中有效運用矛盾戰術？

要成功運用矛盾戰術，必須掌握以下幾個核心技巧：

### (1) 抓住對手的矛盾點

* 對手是否在不同場合說法不一致？
* 其論述中是否存在邏輯衝突？
* 其行為與言論是否互相矛盾？

### (2) 提出關鍵提問，讓對手無法自圓其說

* 「如果你認為 A 是正確的，為何又支持 B？」
* 「既然你的立場是 X，為何你的行動卻顯示 Y？」
* 「你的觀點前後矛盾，請問哪一個才是你的真正立場？」

### (3) 讓對手的矛盾自我暴露

矛盾戰術最強大的地方在於**不需要直接批評對手，而是讓對方的言論自行崩潰**。透過簡單的提問，就能讓觀眾意識到對方論點的破綻。

## 第五章　捕捉破綻，亂中取勝

### 實戰應用：辯論案例

假設辯題為「政府應該強制實施環保法規」，反方主張「市場應該自行調節，政府不應過度干預」。但若反方也支持「政府應該規範食品安全」，則可運用矛盾戰術反問：

「**若你認為市場應該自行調節，那為何政府能夠干預食品安全，卻不能干預環保政策？**」

這樣的提問將使對手陷入邏輯困境，無法輕易迴避。

### 矛盾戰術的力量

在辯論與社會運動中，矛盾戰術是最有效的反擊手段之一。透過**精準提問與邏輯推演**，能夠讓對手的論述自行崩解，使其失去公信力。在**實戰**中，這種戰術不僅能用於學術辯論，也能應用於**政策討論、媒體發言、甚至商業談判**，讓你的論點更加堅**實**有力。

### 應用矛盾戰術的策略

要在辯論中成功運用矛盾戰術，必須掌握以下幾種策略：

(1) 精準分析對方論點

當對手發表論點時，應迅速拆解其邏輯結構，尋找可能的矛盾點：

- **概念矛盾**：對方在不同部分的論述中，對同一概念給出不同解釋。例如：若對手聲稱某政策能帶來經濟成長，卻又承認該政策可能造成失業問題，則可針對這一矛盾發起攻擊。
- **前後不一致**：對方的立場在不同時間點出現變化。例如：在貿易辯論中，若對方強調自由貿易的重要性，卻又主張應該加強貿易壁壘，則可指出其論點自相矛盾。

### (2) 巧妙提問，讓對方自曝其短

透過具體提問，引導對方陷入邏輯矛盾。例如：在辯論「環保政策應否優先於經濟發展」時，可針對支持經濟發展的一方提問：

- 「若經濟發展真的能帶來長遠利益，那麼為何歷史上有許多經濟高速成長的國家，卻因環境汙染而面臨長期社會問題？」
- 「您說政府應該推動經濟成長，但又認為公民健康應受到保護，當兩者發生衝突時，您認為哪一方應該優先？」

這類提問能迫使對方在其原有立場上做出取捨，若對方無法回答，則容易陷入尷尬境地。

### (3) 借用反證法，推翻對方論點

當對手聲稱某現象「不可能發生」或「必然發生」時，可運用歷史或現實案例來反駁。例如：在討論全球變遷時，若對方聲稱「企業不可能因環保政策而改變經營模式」，則可舉例 2015

## 第五章　捕捉破綻，亂中取勝

年《巴黎氣候協定》簽訂後，許多企業開始推動綠能轉型的事實，來證明企業確實會受政策影響。

### 掌控對話節奏，引導對方落入陷阱

在辯論中，除了尋找對方論點的破綻，還需掌握對話的節奏，確保己方始終處於主導地位。例如：

- **快速提問，打亂對方思路**：透過連續性的提問，使對方來不及思考而失去流暢表達的能力，進而暴露漏洞。
- **強調對方言論中的矛盾**：當對手試圖修正其立場時，可即時指正：「剛才您的觀點並非如此，為何現在改變說法？」
- **利用對手的失誤擴大戰果**：當對手因緊張或混亂而出現邏輯錯誤時，可強調這一點，進一步削弱其可信度。

例如：在 2014 年**蘇格蘭獨立公投辯論**中，蘇格蘭民族黨（SNP）主張獨立後仍可留在英國貨幣體系內，然而英國政府則明確表示不會允許蘇格蘭繼續使用英鎊。此時，反對獨立的一方立即質疑：「如果英國政府已經明確反對，那麼您們的計畫是否仍然可行？」這一提問直接點出對方論點的現實矛盾，讓支持獨立的一方陷入防守。

## 亂中取勝，建立己方優勢

在激烈的辯論中，讓對手陷入混亂，不僅能影響其表現，還能強化己方的優勢。例如：

- 讓對手情緒化，影響其表達能力。
- 在對方語無倫次時，強調己方論點的穩健性，使評審和觀眾更容易接受我方觀點。
- 透過精確論述，與對方的混亂發言形成強烈對比，建立公信力。

在 2016 年**英國脫歐公投辯論**中，支持留歐派指責脫歐派的經濟預測過於悲觀，然而脫歐派則抓住留歐派言論中的矛盾──一方面主張歐盟對英國經濟至關重要，另一方面又承認英國可在歐盟外取得新貿易機會。脫歐派立即回應：「如果我們真的無法在歐盟外生存，那麼為何歐盟之外的國家能成功經營獨立的經濟體？」這一反駁成功讓留歐派陷入防守，形成了話語權的轉移。

## 結論

在辯論場上，最強的武器不是聲音的大小，而是邏輯的嚴密與語言的精準運用。透過捕捉對手論點的矛盾，並在混亂中保持冷靜，便能掌控局勢、取得優勢。無論是在辯論賽、政治

## 第五章　捕捉破綻，亂中取勝

討論、企業談判，甚至是日常溝通中，運用矛盾戰術皆能讓我們更具影響力，並在關鍵時刻掌握勝機。

## 製造陷阱，亂中取勝──以矛盾戰術擊破對手論述

### 捕捉破綻，尋找對手漏洞

在辯論中，使對手陷入混亂往往是制勝關鍵。這不僅能削弱對方的論述力，還能進一步擴大己方的話語權。因此，抓住對手的破綻，製造陷阱讓對手自陷泥沼，是辯論中的有效戰術。

例如：在 **2019 年英國脫歐辯論中**，留歐派強調歐盟提供了貿易與經濟成長機會，而脫歐派則主張脫離歐盟能讓英國掌握更多自主權。當時，一位支持留歐的議員表示：「我們離開歐盟後，仍然可以擁有與歐盟相同的市場准入，因為我們擁有強大的談判籌碼。」然而，脫歐派的代表立即反駁：「如果我們真的還能享受同樣的市場准入，那為何歐盟領導人明確表示，脫歐後英國將失去單一市場的優惠待遇？」這一反問讓對手頓時啞口無言，陷入自相矛盾的困境。

這樣的策略在辯論中屢試不爽，因為它能讓對手的立場變得模糊，並迫使其做出新的解釋，從而進一步暴露論點的脆弱性。

## 製造陷阱,讓對手自陷困境

在辯論中,我們可以透過提問和話語操控來設置語言陷阱,迫使對方落入不利的立場。例如:在 **2020 年美國總統辯論**中,當時的候選人喬・拜登與唐納・川普針對經濟政策展開激烈交鋒。當川普聲稱:「我的減稅政策讓所有美國人都受益」,拜登立即回應:「如果您的減稅政策對所有人都有幫助,為何美國的財富差距在過去四年內擴大,並且工薪階層的實際薪資增長停滯?」這一反問讓川普一時無法招架,只能重複先前的立場,而未能提供新的數據支援他的論點。

製造陷阱的關鍵在於:

- **運用矛盾律** —— 讓對方自相矛盾,迫使其修正論點。
- **利用雙重標準** —— 揭示對手在不同情境中的不一致,例如某人支持某政策,但在不同場合又反對類似的政策。
- **情境轉換** —— 讓對方站在另一個立場回答問題,測試其觀點的一致性。

## 乘敵混亂,勇追窮寇

當對方因陷阱而出現混亂時,這正是擴大戰果的好時機。例如:在 **2016 年巴黎氣候協定談判**中,美國代表一度聲稱該協議「限制了美國企業發展」,但其他國家立即反駁:「如果減少碳

## 第五章　捕捉破綻，亂中取勝

排放會損害經濟，那為何德國和法國在減排後，經濟仍然持續成長？」這讓美方代表陷入進退兩難的局面，不得不改變立場。

當對手失去語言主導權時，我方應：

- **快速總結戰果**，讓觀眾與評審清楚看到對方的論述破綻。
- **進一步追問**，迫使對方不斷修改論述，使其失去可信度。
- **利用觀眾心理**，讓他們更容易接受己方立場。例如：當對方開始支吾時，適時使用幽默語氣加強己方優勢。

### 捕捉破綻，有理有節

成功運用矛盾戰術的關鍵，在於確保己方的論點邏輯清晰，避免被對方反將一軍。例如：在 **2021 年聯合國關於全球疫苗公平性的辯論**中，部分富裕國家代表主張：「我們已經投入大量資金幫助疫苗發展，這證明我們支持全球疫苗公平分配。」然而，來自開發中國家的代表立即指出：「如果你們真的支持疫苗公平，為何低收入國家的疫苗接種率遠遠落後於你們？」這讓富裕國家的立場受到挑戰，不得不重新解釋其政策。

要成功應用此策略，需注意：

- **保持禮貌與專業** —— 即使對手陷入困境，也應以理服人，而非單純嘲諷。
- **避免過度攻擊** —— 如果對手過於慌亂，可能會激起同情，反而讓己方失去優勢。

* **確保論點有據可循** —— 避免無根據的指控，確保己方論述站得住腳。

## 結論：精準攻防，確保勝利

在辯論與談判中，矛盾戰術是極為有效的制勝手段。透過捕捉對手論述中的破綻，設計語言陷阱，並在混亂中進一步擴大戰果，我們可以在言辯之中掌握主導權，進而達成最終的勝利。無論是在政治辯論、國際談判或是日常溝通中，這種策略都能助我們一臂之力，使己方立場更具說服力。

# 請君入甕，出奇制勝 ——<br>策略性設計辯論陷阱

## 知己知彼，百戰不殆

在辯論中，若能預測對方的論點與戰術，便能將比賽導入己方設計的節奏，讓對方無法有效發揮，甚至在不知不覺中落入己方的邏輯陷阱。例如：在**2020年美國總統大選辯論**中，當時的候選人拜登與川普就新冠疫情應對展開交鋒。拜登明知川普會強調經濟復甦，於是在辯論前就設計了陷阱，當川普說：「我們的經濟正在反彈！」拜登立即回應：「如果經濟真的復甦

## 第五章　捕捉破綻，亂中取勝

了，為什麼這麼多美國人仍然失業？為何企業破產率比去年高出 40%？」這一反問讓川普難以反駁，因為無論他如何應答，都會被迫承認疫情對經濟的影響。

在這場辯論中，拜登的團隊早已預測川普會強調經濟數據，因此事先設計好反駁策略，並設計出對方無論如何回應都會陷入困境的語言陷阱。

要成功使用「請君入甕」戰術，關鍵在於：

- **分析對手的論點邏輯，預測可能的戰術方向。**
- **設計一系列問題，讓對方在回答時陷入矛盾或被迫承認己方觀點的正確性。**
- **創造一種「雙輸困境」，讓對方的回答不論如何都會削弱自身立場。**

## 設計邏輯陷阱，讓對手步步陷入被動

「**請君入甕**」戰術的核心，就是利用對手的預設觀點，在不經意間讓他們落入自身的邏輯矛盾。例如：在 **2016 年英國脫歐公投辯論**中，支持留歐的代表在辯論時設計了一個陷阱，當脫歐派聲稱：「我們可以在離開歐盟後，依然與歐洲國家保持自由貿易。」留歐派立刻回應：「如果這是真的，那為什麼歐盟已經明確表示，不會給英國特殊待遇？如果英國離開後仍可享受貿易優惠，那世界上所有國家都會選擇不加入歐盟了。」

這一邏輯陷阱讓脫歐派陷入兩難：

- 若承認歐盟不會給英國貿易優惠，則打破了脫歐派「經濟無損」的說法。
- 若堅持英國可獲得貿易優惠，則顯然違背了歐盟官方立場，使其說法失去公信力。

這種策略讓對方在回應時進退兩難，從而削弱其立場。

## 善用「雙重標準」揭露對方矛盾

在辯論中，如果能指出對方立場的自相矛盾，就能有效削弱其說服力。例如：在 2022 年聯合國氣候變遷會議（COP27）中，一些工業化國家強調：「我們支持減碳，但不應影響經濟發展。」然而，開發中國家的代表立刻反問：「如果你們認為經濟比氣候重要，為何又要求我們立即停止燃煤發電，而自己仍在使用化石燃料？」這一回應讓對方陷入尷尬，因為無論如何解釋，都會暴露其「雙重標準」。

這種辯論策略在於：

- 利用對方的話反擊對方，讓他們陷入自己的邏輯陷阱。
- 強調對方立場的自相矛盾，讓觀眾和評審看到對方論點的漏洞。

## 第五章　捕捉破綻，亂中取勝

- **創造一種「公平性要求」，讓對方難以反駁而不得不調整立場。**

## 借力使力，轉化對方論點為己方武器

有時，對手的論點雖然看似有力，但如果我們能巧妙地「借力使力」，就能將其轉化為己方優勢。例如：在 **2021 年疫苗公平分配辯論中**，一些富裕國家聲稱：「我們已經提供大量資金援助開發中國家獲取疫苗。」開發中國家的代表立即回應：「如果你們真的提供了足夠的資金，為何全球仍有超過 30% 的開發中國家人口無法接種疫苗？為何你們還要囤積超過需求的疫苗，而不是直接分配給需要的國家？」

這一策略讓富裕國家陷入困境：

- **如果承認疫苗分配不均，則說明其「公平援助」的說法不成立。**
- **如果否認疫苗分配不均，則無法解釋為何全球仍有大量疫苗不足的地區。**

這種「借力使力」的策略，讓己方不需要直接攻擊對手，而是透過對手的話語來揭露問題，進一步強化自身立場。

## 結論：以策略設計辯論，掌握話語主導權

「請君入甕」戰術的成功關鍵，在於**預測對手思路，設計陷阱，使其落入自身邏輯矛盾之中**。這種策略廣泛應用於國際辯論、政治選戰、甚至商業談判中，其核心技巧包括：

- 預測對手立場，提前設計反駁策略。
- 利用雙重標準，揭露對手邏輯漏洞。
- 借力使力，讓對方的論點變成己方武器。
- 創造「雙輸困境」，讓對方的回應無論如何都不利於自身。

透過精準的語言設計與邏輯推演，我們能夠在辯論場上掌握主導權，進而實現「出奇制勝」的最佳效果。

## 以退為進：誘敵深入的辯論策略

### 以退為進的核心戰術

在辯論中，當對手過於強勢或論點具有優勢時，直接正面衝突可能會導致己方陷入被動。因此，「以退為進」是一種策略性選擇，透過讓步、誘敵深入，讓對手誤以為己方無法反駁，進而露出破綻，再反擊奪取主導權。這種戰術的關鍵在於：

## 第五章　捕捉破綻，亂中取勝

- **假裝讓步，實則布局**：讓對方覺得己方處於劣勢，放鬆戒備並進一步暴露論點漏洞。
- **引導對方進入己方設計的思維框架**：讓對方不知不覺進入己方擅長的討論領域。
- **抓住時機反擊**：當對手深陷己方設計的論點陷阱時，趁機給予致命一擊。

這種策略廣泛應用於政治辯論、國際談判及商業談判中，甚至在歷史戰爭中亦多有先例，例如著名的「馬陵之戰」，孫臏以減灶示弱，引誘魏軍深入，最後一舉殲滅敵軍。

## 以退為進的國際辯論案例

在 **2020 年美國總統大選**的首場辯論中，拜登採用了「以退為進」的戰術。在川普屢次打斷拜登發言，企圖以強勢的語言風格壓制拜登時，拜登選擇不與川普正面衝突，而是輕輕一笑，說出：「你能不能閉嘴？（Will you shut up, man?）」這句話看似是退讓，但其實是透過幽默的方式讓川普顯得不理性，進而贏得觀眾同情。川普在氣勢上過於急躁，反而造成自己形象的損害，拜登則藉此穩住局勢，轉守為攻。

這種策略的成功關鍵在於：

- **不與對手直接衝突，而是讓對方因急躁而自亂陣腳。**

- 利用對手的情緒失控來爭取觀眾或評審的支持。
- 當對方落入自己設定的節奏後,再發動攻擊,掌握話語權。

## 誘敵深入:先示弱,後制勝

「以退為進」的另一種形式,是透過刻意讓步或示弱,引導對方進入己方的思維陷阱。例如:在 **2019 年英國脫歐辯論**中,支持脫歐的代表宣稱:「如果英國離開歐盟,我們仍能與歐洲國家自由貿易,不會受到影響。」這時,反對脫歐的一方選擇暫時不直接反駁,而是引導對方進一步闡述其立場,最後反問:「如果歐盟真的會允許英國在脫歐後享受與成員國相同的待遇,那麼其他國家是否也會選擇脫離歐盟?這豈不是動搖了整個歐盟的基礎?」

這種策略成功的關鍵:

- 先讓對方深入發展其論點,減少其後續調整空間。
- 等待對方立場形成矛盾時,再出手攻擊,使其無法回應。
- 讓對方在公開場合承認自己的論點存在缺陷,影響其公信力。

## 以退為進的語言技巧

在辯論中,巧妙運用語言可讓「以退為進」策略更具殺傷力。以下是幾種典型的語言技巧:

## 第五章　捕捉破綻，亂中取勝

- 「設立陷阱」：引導對方自願進入己方的論點領域。

  例：「你是否承認政府的經濟政策有助於促進成長？」

  **對方回答**：「是的。」

  **反擊**：「那麼，為什麼你的立場一直在批評這些政策？」

- 「偽裝認同」：表面同意對方觀點，實則為反駁做準備。

  例：「我完全同意你的觀點，某些國家確實因旅遊業發展得很好。但請問，那些旅遊業發展不佳的國家，是因為旅遊業本身的問題，還是因為缺乏完善的基礎建設？」

  **對方陷入困境，無論如何回答都可能削弱自身立場。**

- 「引導對方極端化」：讓對方的立場顯得過於激進，以爭取評審和觀眾的支持。

  例：「你剛剛的意思是，只要有旅遊業，一個國家就能發展得很好？所以你的意思是，即便一個國家貧窮、政治不穩，只要發展旅遊業，一切問題都會迎刃而解？」

  **這種技巧讓對方的論點顯得極端，從而失去說服力。**

## 以退為進的實戰應用

在國際談判中，「以退為進」同樣是常見的策略。例如：在 **2021 年全球企業稅收協議談判**中，美國起初表示反對全球最低企業稅，但當歐盟等國家積極推動該議題時，美國突然改變策

略,表示願意支持,並主動提出新的框架。這一變化讓其他國家不得不調整策略,反而讓美國在談判中掌握了更多話語權。

這種策略的應用關鍵:

- **假裝反對某一議題,引導對方強烈主張,讓對方無法輕易讓步。**
- **在對方投入大量資源後,突然改變立場,讓對方失去策略優勢。**
- **掌握主導權,使己方意見成為談判的核心方向。**

## 結論:以退為進的致勝之道

「以退為進」並非消極防守,而是一種**策略性的進攻方式**,關鍵在於:

- **讓對方誤以為自己占據優勢,放鬆戒備。**
- **設計問題,引導對方深入己方的思維陷阱。**
- **在關鍵時刻發動攻擊,使對方陷入無法回應的困境。**
- **透過語言技巧,使對方的立場顯得極端或矛盾,削弱其說服力。**

這一戰術在辯論、政治談判、商業談判甚至戰爭策略中都廣泛應用,關鍵在於如何**巧妙設計語言與論點**,引導對手進入己方設計的局面,最終掌握話語權,達成勝利的目標。

第五章　捕捉破綻，亂中取勝

# 欲擒故縱：巧妙運用迂迴戰術以制勝

## 欲擒故縱的策略本質

「欲擒故縱」是一種在辯論與談判中極為實用的策略，核心在於：

- **刻意讓對手取得短暫優勢**，讓其放鬆戒備。
- **引導對方進入自己設定的討論框架**，逐步陷入邏輯陷阱。
- **掌握反擊時機**，在對方立場無法輕易調整時給予致命打擊。

這種策略的運用廣泛見於政治辯論、商業談判及法律攻防。例如：2022年歐洲某國總統大選辯論中，一方候選人面對對手咄咄逼人的指責，先以柔和語氣承認部分問題，但接著反問對手：「如果你早已知道問題存在，為何過去五年你沒有提出解決方案？」這讓對方無法輕易回應，反而陷入尷尬的境地。

## 欲擒故縱的經典案例

### (1) 職場談判：薪資協商的智慧

在現代職場中，許多人在談判薪資時，會陷入僵局。某位年輕設計師在爭取加薪時，運用了「欲擒故縱」策略：

- **先認同雇主的立場**：「我完全理解公司目前的財務狀況，確保營運穩定是最重要的。」

- **接著表達願意彈性調整**:「如果現在無法立即調整薪資,也許可以考慮其他方式,例如績效獎金或額外休假。」
- **最後讓對方自行提出讓步方案**:「當然,我理解公司希望留住人才,那麼貴公司覺得什麼樣的方式最能平衡雙方需求?」

這種策略讓雇主覺得自己仍掌握談判主導權,實際上卻是在設計師的節奏內運作,最終公司選擇提供績效獎金與年度薪資調整計畫,讓雙方都能滿意。

(2) 企業競爭:市場布局的策略

某國際科技公司在開發新市場時,採取了「欲擒故縱」的策略:

- 先釋放消息表示將在某新興市場投資,但暫時按兵不動。
- 競爭對手聽聞此事後,加快擴展步伐,甚至砸重金進入市場,卻發現當地需求並未如預期般快速成長。
- 該科技公司等對手投入大量資源後,才正式宣布與當地政府及企業合作,取得更多優惠條件,反而以更低成本進入市場,占據競爭優勢。

這樣的策略展示了如何透過暫時讓步,讓對手誤判情勢,最終反轉局勢,掌握市場主導權。

# 第五章　捕捉破綻，亂中取勝

## 欲擒故縱在辯論中的應用

在辯論賽中，「欲擒故縱」的運用可以透過：

- **先順從對方論點，讓對方誤以為己方失去優勢。**
- **誘導對方深陷某個邏輯漏洞，使其難以輕易脫身。**
- **最後出奇制勝，讓對方發現自己已被引導至無法回頭的立場。**

在 **2023 年某國際大學辯論賽**中，辯題為「社群媒體對年輕人的影響利大於弊」，正方（支持社群媒體）不斷強調社群平臺如何促進資訊流通，但反方則巧妙運用「欲擒故縱」：

- **先認同部分優點**：「確實，社群媒體讓資訊傳遞變快，但這是否代表所有資訊都有正面影響？」
- **引導對方深入特定論點**：「如果快速傳播的資訊包含假新聞或極端內容，那麼社群媒體的影響是否仍然利大於弊？」
- **最終使對方無法輕易反駁**，被迫承認社群媒體有嚴重的負面影響，從而動搖了整體論述。

這場辯論最後由反方勝出，因為他們巧妙地運用讓步與反擊的時機，使對方誤判形勢，最後陷入無法自圓其說的困境。

## 欲擒故縱的語言技巧

### (1) 設計問題，引導對方進入己方框架

例：「如果社群媒體真的讓資訊更加透明，那麼為何我們仍需假新聞審查機制？」

讓對方無法直接否認問題的存在，從而陷入困境。

### (2) 誇大對方立場，使其顯得極端

例：「依照你的邏輯，是否表示所有社群媒體上的資訊都應該無條件相信？」

使對方意識到自身立場過於絕對，必須調整說法。

### (3) 利用對方言論進行反擊

例：「你剛才說社群媒體讓年輕人更容易獲得資訊，但如果這些資訊來自不可靠來源呢？」

使對方不得不承認資訊真偽是問題，進而削弱其立場。

## 結論：如何掌握「欲擒故縱」的致勝之道

「欲擒故縱」不只是防禦戰術，更是一種進攻手段，關鍵在於：

- **避免與對方正面衝突，而是透過誘導讓對方自己掉入陷阱。**
- **一旦對方過於自信或深入己方設定的框架，即可反擊，使其立場難以維持。**

## 第五章　捕捉破綻，亂中取勝

- **運用語言技巧與邏輯推演，讓對方無法輕易反駁或轉移焦點。**

這種策略廣泛應用於辯論、商業談判、政治交鋒，甚至日常對話中。掌握「欲擒故縱」，不僅能夠提升論辯能力，更能讓我們在各種溝通場域中占據主導地位，最終取得勝利。

## 選準時機，全力反攻：論辯戰術的最後關鍵

### 掌握戰機，決定性反擊

在辯論與談判中，運用「請君入甕」戰術的最後一步，就是抓住適當時機，展開全面反攻。這不僅需要對辯論進程的精確判斷，還要有充足的論據支援，確保反擊時一擊即中，讓對方無法輕易應對。

例如：在 2023 年國際大學辯論賽中，辯題為「科技發展是否對人類社會帶來更多利處」，正方（支持科技發展）在初期不斷強調科技如何改善人類生活，而反方則刻意讓對方發揮，隨後在自由辯論階段抓住關鍵點，發動反攻：

- **先讓對方充分陳述觀點，使其自信滿滿，放鬆防備。**
- **在對方立論的基礎上，尋找其未考量或忽略的漏洞。**

- **待時機成熟，從其邏輯盲點或語意矛盾處下手，使其難以圓場。**

當正方熱烈論述科技如何便利人類時，反方突然提出：「你們認為科技帶來進步，但 AI 對勞動市場的衝擊已導致全球數百萬人失業，請問這如何能稱為『利大於弊』？」這個問題讓正方措手不及，開始陷入防守狀態，最終導致敗北。

## 企業談判中的攻守之道

在商業談判中，選準時機發動反擊同樣是成功的關鍵。例如：2022 年某新創公司與大型企業洽談合作時，對方企業先提出極具吸引力的合作條件，但隨後試圖在合約條款上增加對新創公司不利的限制條款。面對這樣的局勢，新創公司負責人選擇：

- **先表現出接受對方合作條件的意願，讓對方誤以為談判即將達成共識。**
- **待對方放鬆戒心，臨門一腳時，提出關鍵反擊：「我們接受條件 A，但若增加條件 B，則我們需重新評估合作的可行性。」**
- **使對方意識到合作可能破局，進而讓步，刪除不合理條款。**

透過精準的時機掌控，該新創公司不僅確保了自身利益，還讓談判結果更加有利於長期發展。

## 第五章　捕捉破綻，亂中取勝

### 論辯中的決勝時刻

選準時機全力反攻，往往決定了論辯比賽的勝負。在 2023 年某國際大學辯論賽的決賽中，辯題為「綠能發展是否應優先於經濟成長」，反方（支持經濟成長）一開始並未正面駁斥綠能發展的必要性，而是在自由辯論階段抓住關鍵時機反擊：

正方：綠能政策的推行確保了未來世代的生存環境，沒有環境，哪來經濟？

反方：你們認為綠能發展應該優先，但若經濟崩潰，誰來支撐高昂的綠能投資？沒有經濟支撐，綠能政策又如何落實？

正方：綠能產業可以創造就業機會，因此不會影響經濟。

反方：那請問，現有的傳統能源產業從業人員數百萬人，他們的生計該如何解決？若立即轉向綠能，短期內的經濟損失是否值得？

透過關鍵時刻的反擊，反方將辯題從「綠能的未來願景」轉向「現實經濟衝擊」，讓正方難以迅速給出有效回應，最終影響評審判斷，取得勝利。

### 結論：善用時機，掌握勝負關鍵

「請君入甕」戰術的核心，在於：

- 先讓對方充分表達，誤以為自己掌握優勢。

- 不急於反駁，而是在關鍵時刻發動致命一擊。
- 確保反擊的論據具有強大說服力，使對方無法輕易轉移話題。

無論是在辯論、談判、政治交鋒或商業決策中，善用「選準時機，全力反攻」的策略，能讓對手難以招架，最終掌控全域，獲得勝利。

## 巧言說服，有理不在聲高：論辯中的心理戰術

### 言辭巧妙，化解對抗心理

在論辯和談判中，說服對方不僅依賴強有力的邏輯和證據，還需要掌握語言技巧，讓對方在心理上更容易接受自己的觀點。當言辭過於強勢時，可能會引發對方的反向心理，使其即使明知錯誤也不願讓步。因此，**說話方式比聲音大小更重要**。

舉例來說，2022 年某家大型連鎖超市決定調整供應商合約，許多中小供應商認為新條款對其不利，準備聯合抗議。然而，一位供應商代表巧妙運用了「有理不在聲高」的策略，在與超市管理層對話時並未激烈抗議，而是這樣說：

## 第五章　捕捉破綻，亂中取勝

「我們理解超市希望提高供應效率，但過去這些年，我們的產品品質穩定，顧客回購率高。我們願意配合調整，但是否可以考慮給予過渡期，讓雙方都有更好的適應空間？」

這種話語既表達了立場，又展現出合作意願，使超市管理層較容易接受，最終雙方協商出對供應商更有利的方案。這正是透過**緩和對抗情緒**，**巧妙施加影響**來達成目標的典範。

### 以情入理，緩解衝突

在日常生活中，說服他人時，直接以規則或權威壓制，往往適得其反。相反，若能以情入理，使對方願意接受建議，效果會更好。

例如：某知名餐廳因環保政策被要求減少一次性塑膠餐具的使用，但部分顧客仍希望提供免洗餐具。若餐廳員工直接回應：「政府規定不能提供」，可能會引起顧客反感。但若換個說法：

「我們明白您希望用免洗餐具更方便，但為了環境更永續，我們改用可回收的選項，這樣能讓您用餐舒適，也能一起保護環境，您覺得如何？」

這種說法不僅避免對抗，還能引導顧客認同餐廳的立場，願意配合環保措施。

## 掌握對方心理，給出雙贏選擇

歷史上，有許多經典案例展現出語言的巧妙運用，讓對方願意接受建議，而不感到被逼迫。例如：在某次企業併購談判中，買方企業希望以較低價格收購對方公司，但若直接提出降價要求，勢必引發反彈。買方高層選擇換個方式：

「我們尊重貴公司的品牌價值，希望在併購後維持其市場競爭力。因此，我們願意提供長期合作計畫，但需確保財務穩健，以合理的併購價格確保雙方未來的成功。」

這種說法既表達了降價需求，又讓對方感受到尊重，最終成功達成協議。

## 機智應對，巧言自保

歷史上也有許多善用語言智慧成功自保的案例。例如：2021年某企業負責人因內部決策失誤受到媒體強烈質疑，記者在記者會上直接詢問：「您是否應該為此事負責？」

若此時直接否認，可能引發公眾更大不滿，但該負責人巧妙回應：

「我們確實在執行過程中有值得檢討的地方，公司會進行內部調整，確保未來能提供更好的服務。」

第五章　捕捉破綻，亂中取勝

這種回應避免了正面衝突，又展現了負責任的態度，成功化解公關危機。

## 結論：語言的力量，決定影響力

在辯論、談判、商業決策甚至日常溝通中，語言的運用方式往往決定了說服效果。「有理不在聲高」，關鍵在於：

- **避免直接對抗，減少對方的反向心理。**
- **以情入理，使對方自願接受建議。**
- **提供雙贏選擇，讓對方不感到被逼迫。**
- **掌握心理戰術，讓對方在接受建議的同時仍保有面子。**

透過這些策略，我們能夠在各種論辯與溝通場合中取得更好的結果，達成自己的目標。

# 以反話正說，揭露謬誤

### 機智應對，巧妙回擊

在辯論和現實交鋒中，有時候直接反駁不如用「反話正說」或「引申歸謬」來讓對方的謬誤自我暴露。這種方法不僅能讓對方啞口無言，還能讓觀眾看清邏輯漏洞。

2023 年某國際論壇上,一位知名企業家被質疑其公司在環保方面的努力不夠。一位評論者諷刺道:

「看來貴公司真是環保先鋒,每年排放的二氧化碳足夠讓森林枯萎。」

該企業家冷靜回應:

「我們確實排放二氧化碳,但如果按照您的邏輯,所有製造業都該關門,世界經濟是否該倒退回石器時代?」

這番話讓對方無從反駁,因為他用「引申歸謬」把對方的極端立場推向荒謬的結論,使其顯得不合邏輯。

## 諷刺式回應,讓對方陷入被動

類似地,歷史上有許多善用「反話正說」的名人。例如:在 2021 年的某場政治辯論中,一位候選人指責對手:「你一直主張加稅,看來你最希望的就是所有小企業倒閉。」

對手反擊道:

「是的,我當然希望大家都失業,這樣我才能贏得更多選票,對吧?」

此言一出,觀眾哄堂大笑,因為對方的指控明顯荒謬,而這種諷刺式回應成功揭示了對方論點的漏洞。

## 第五章　捕捉破綻，亂中取勝

### 以「裝糊塗」瓦解對方氣勢

有時候面對強勢對手，直接對抗不如「裝糊塗」，讓對方自己陷入邏輯困境。

2022 年，一名記者在採訪某知名導演時試圖引導他承認「電影只是商業賺錢工具」，導演則輕描淡寫地回應：

「哦？所以您的意思是藝術就不該賺錢？那藝術家是不是都該去流浪街頭，才能算是真正的藝術家呢？」

這種回應讓提問者啞口無言，因為如果承認「藝術不能賺錢」，就意味著否定了整個藝術產業，而這個邏輯顯然站不住腳。

### 結論：以反話正說，輕鬆化解攻勢

在辯論或現實對話中，面對對方的強勢或不合理言論，可以透過：

- **引申歸謬** —— 把對方的邏輯推向荒謬結論，讓其自我暴露；
- **諷刺式回應** —— 以幽默方式揭露對方論點的荒唐；
- **裝糊塗策略** —— 假裝不懂，迫使對方自己糾正錯誤。

這些技巧不僅能巧妙反擊，還能讓對方陷入被動，讓自己的觀點更具說服力。

# 機智回應，揭露抄襲

## 諷刺式回應，讓對方無地自容

19世紀義大利作曲家羅西尼的機智回應，讓抄襲者無話可說。這種諷刺式的回答，在現代社會依然適用，尤其是在藝術、商業或學術領域，當面對剽竊、抄襲或誇大其詞的人時，巧妙的語言可以勝過直白的批評。

例如：2022年某國際設計競賽中，一名參賽者提交了一件作品，被專家指出與一位知名設計師的作品極為相似。面對評審的質疑，該設計師仍然信誓旦旦地聲稱自己是原創。

評審微笑著說：

「這作品讓我想起了許多經典之作，看到它，就像重溫了一場設計史的回顧展。」

這一句話不僅暗示了抄襲，還以諷刺的方式點出作品缺乏原創性，讓對方無法反駁。

## 機智化解，優雅反擊

在現實生活中，面對誇誇其談或過度自信的人，有時不需要直接反駁，而是用幽默的方式揭露事實。例如：某位企業高管在一次會議上大談自己的創新策略，聲稱其公司推出了一項

## 第五章　捕捉破綻，亂中取勝

「史無前例」的商業模式，而聽眾都知道這只不過是對市場上現有模式的微調。

一位業內專家幽默地回應：

「聽您這麼一說，我彷彿看到了商業史上所有的偉大案例……在貴公司的這項創新中得到了完美融合。」

這樣的說法，比直接指責更有力，因為它既讓對方意識到自己的問題，又不會引發正面衝突。

### 以巧言說理，勝過直接批評

與其直截了當地批評抄襲或缺乏創新，不如借用機智的方式，讓對方自己意識到問題。例如：在學術界，某位教授聽了一位學生的研究報告後說：

「這份論文讓我回憶起過去的經典文獻，您顯然從中汲取了大量的靈感，甚至比原作者還更熟悉他們的作品。」

這種言辭，既點出問題，也讓對方無從辯解。

### 結論：智慧反擊，比直接指責更有效

面對誇誇其談、自命不凡、甚至抄襲的人，最好的應對方式不是直接批評，而是：

- **巧妙諷刺**──用幽默的方式，讓對方自己意識到問題；

- **優雅回擊**——以輕鬆的語調，而非激烈的指責，讓對方難以反駁；
- **借機教育**——用智慧的語言，讓對方認識到真正的價值來自原創和努力。

這種方式不僅能保護自己的立場，還能贏得觀眾的好感，在辯論和溝通中占據上風。

## 機智揭露欺瞞，巧妙促成改變

### 諷刺式提問，揭穿商業詭計

在商業經營中，部分商家會用各種手段獲取更大利潤，例如故意減少分量、虛假折扣等。面對這樣的情況，直接指責往往會引發爭執，而巧妙的語言則能讓對方無從辯解，同時又能維護自己的權益。

例如：2023 年某餐廳因「隱藏式漲價」引發顧客不滿——表面上價格未變，但餐點的分量卻悄悄減少。某位顧客在付款時笑著對店員說：

「你們這份餐點真是特別健康，吃完了還讓我覺得好像還沒吃過一樣呢。」

## 第五章　捕捉破綻，亂中取勝

這番話既諷刺了分量不足的問題，又讓店員無法反駁，間接促使店家反思調整。

## 巧妙運用「誘敵深入」，讓對方自證其錯

類似於顧客用「隱藏式漲價」的方式讓老闆自己意識到欺騙顧客的行為，我們也可以在現實生活中運用類似策略。例如：在一家健身房，某會員發現淋浴間的熱水總是時有時無，便對工作人員說：

「你們知道嗎？如果讓熱水持續供應，我猜會員數量一定會翻倍，因為人們肯定更願意在這裡鍛鍊後洗個舒服的澡！」

工作人員若順勢接話，便等於承認了當前的問題，顧客便能藉此機會促使健身房改善設施，而無需直接抱怨或投訴。

## 讓對方「心甘情願」改正錯誤

許多情況下，消費者面對商家的不合理行為時，直接批評反而會激起對方的抵觸情緒。因此，用機智的語言讓對方「主動」意識到問題，並促成改正，往往比直接指責更有效。

例如：某公司向客戶承諾「絕對不含額外費用」，但帳單上卻列出了許多隱性收費。一位客戶在付款時幽默地對客服說：

「真是太划算了,我不僅買了產品,還免費體驗了一場『驚喜帳單』大揭祕!」

客服一聽,便明白客戶是在諷刺帳單不透明的問題,若不及時處理,可能會影響品牌形象。相比憤怒投訴,這種方式更容易讓對方願意調整。

## 結論:幽默與智慧勝過怒火

在面對商家不合理的行為時,我們可以借鑑顧客面對「隱藏式漲價」時的策略:

- **製造反向提問** —— 讓對方自己意識到錯誤;
- **幽默諷刺** —— 既點出問題,又不引發對立;
- **引導改正** —— 讓對方「自願」做出改變,而不是被迫糾正。

這種方式既能維護自身權益,又能促使對方改進,達到雙贏的效果。

# 巧妙反駁,揭露謬論

在辯論和交涉中,面對對方的荒謬言論,若直接反駁可能會陷入無休止的爭論,而如果採用「以謬制謬」的方式,以類似但更加極端的假設推導出荒謬的結論,則能讓對方自陷邏輯矛

## 第五章 捕捉破綻，亂中取勝

盾，無言以對。這種方法不僅能精準反擊對方的謬論，還能增強論述的說服力。

## 邏輯反擊：以荒謬對荒謬

例如：2022 年某城市推出新的停車收費規則，部分車主發現即使短暫停車也被收取整小時費用，於是提出質疑。相關單位的回應是：

「停車場的規定是『每次停車收取一小時的費用』，所以即使只停 5 分鐘，也必須按照規定繳費。」

面對這樣的解釋，一位市民機智地回擊：

「如果按這個邏輯，我在餐廳點了一杯咖啡，只喝了一口，是不是也該收我一整壺的錢？」

這一反駁精準地揭露了規則的不合理性，使得相關部門不得不重新檢討收費標準。

## 生活中的應用

在日常生活中，我們也可以用這種方式拆穿不合理的論點。例如：在某公司，主管要求員工加班，卻沒有額外薪資補償。一名員工提出疑問，主管回答：

「公司規定，員工要全力以赴完成任務，即使下班時間到了，也應該繼續完成工作。」

這時，員工可以用類似的方式反問：

「如果按這個邏輯，員工的午餐時間也是公司給的，那是不是我們吃飯的時候也應該在鍵盤上打字？」

如此一來，就能讓主管意識到自己的說法站不住腳。

## 揭露政策矛盾

在公共政策領域，這種方式也經常被運用。例如：某城市為了減少垃圾量，實施嚴格的分類規定，並對分類錯誤的居民開罰單。一名市民因為扔錯垃圾被罰款，但他發現垃圾處理公司在收運時，最終還是把所有垃圾混在一起處理。面對質疑，官方回應：

「分類規定是為了讓居民養成環保習慣，即使最終垃圾混在一起處理，但分類仍然是必要的。」

此時，市民可以反駁：

「如果分類的目的不是為了最終分類處理，而是為了『習慣養成』，那是不是以後紅綠燈也可以隨便闖，因為重點不是遵守規則，而是『養成守法意識』？」

這樣的回應可以逼使政策制定者正視邏輯漏洞,並做出更合理的調整。

## 結論:巧用邏輯,讓對方無言以對

面對不合理的論點,與其正面爭執,不如運用「**以謬制謬**」的策略,以相似但更極端的推論讓對方的邏輯自相矛盾,進而讓對方無法反駁。這種方式適用於生活、職場、法律爭議等各類場景,不僅能有效回擊無理言論,也能促使規則與決策更加合理。

# 統一說法的陷阱與反擊之道

在討論與決策過程中,過度統一用語與說法,往往反映出權力的僵化與話語控制的意圖。然而,這種做法在面對嚴謹的邏輯挑戰時,經常會顯露矛盾,使其不得不收回成命。郭沫若的案例正是一個經典的例子,透過揭露對方內部論述的不一致,成功迫使權力者讓步。

## 現代案例:企業政策的話術控制

在現今的企業環境中,話語控制也是一種常見現象。例如:2021 年某科技公司為了塑造積極形象,規定內部公文與員工對

外發言時，不得使用「裁員」，必須統一用「組織調整」。然而，當一名資深員工在內部會議上詢問：

「既然我們不使用『裁員』，而稱之為『組織調整』，那麼公司的財報上，是否也應該避免使用『人力成本縮減』這類字眼？」

這個反問直接點破了公司的雙重標準，讓管理層陷入尷尬境地，最終不得不放寬對員工用詞的限制。

## 以矛攻盾，揭露邏輯矛盾

與郭沫若的策略類似，當面對話語控制的情況時，一種有效的方式就是「以其人之矛攻其盾」，用對方先前的言論來反駁其新提出的限制。例如：

* **政策不一致的荒謬性**

    某市政府為了推廣綠能，規定市民不得使用傳統塑膠吸管，但同時市政機關內部卻仍然配發一次性塑膠餐具。當媒體記者提出：「如果吸管的使用是環保問題，那麼為何餐具就不算？」時，市府官員只能含糊其詞，最終不得不修改規定，以減少爭議。

## 第五章　捕捉破綻，亂中取勝

- **企業品牌的雙重標準**

  某知名服飾品牌強調「員工友善」，但同時內部卻限制員工成立工會。一位員工在內部座談時詢問：「公司一向強調『人權與公平』，那麼為何不允許我們成立工會？」這一問題讓管理層難以自圓其說，最終被迫允許員工自發組織權益團體。

## 言論控制的後果

統一用語的目的，往往是為了維持權力的話語優勢，然而，當這種做法被推向極端，反而可能引發更大的反彈。例如：某知名企業曾試圖禁止員工在社群媒體上發表「負面言論」，但由於範圍過於模糊，導致大量員工在匿名論壇上集體抗議，使得公司不得不收回這項政策。

這表明，當統一話語成為壓制自由討論的工具，最終往往適得其反，因為現代社會的資訊流通已經無法完全封鎖，強行控制只會促成更大的反彈與挑戰。

## 結論：以邏輯為武器，突破話語封鎖

郭沫若的成功之道，在於抓住對方內部話語體系的矛盾，使其無法自圓其說，最終不得不讓步。在現代社會，當面對過

度話語控制時,最有效的策略依然是利用邏輯推理與實例對比來揭露其中的不合理性,讓話語權回歸真正的理性討論與多元觀點。

# 以荒謬制荒謬:機智化解爭執的策略

在日常生活中,夫妻間的爭論往往涉及情感與邏輯的交錯,而巧妙的反駁方式能夠不僅保護自己的立場,還能讓對方意識到自身論點的荒謬,避免爭論升級為無謂的傷害。

## 現代案例:辦公室著裝規定的爭議

在某科技公司,管理層曾試圖禁止女性員工穿著短裙,理由是「短裙過短,容易影響專業形象」,但該規則卻未對男性員工的著裝做出類似的規定。一位女性員工當場回應:「如果『短』是問題,那麼男性員工的短褲是否也該禁止?又或者,領帶過短是否也影響專業形象?」

這一反駁讓管理層當場語塞,因為它揭示了標準的雙重性,最終公司不得不修改規定,改為「著裝需符合辦公場合禮儀,男女標準一致」,而非僅針對特定性別的限制。

## 第五章　捕捉破綻，亂中取勝

### 以荒謬回應荒謬，展現邏輯漏洞

丈夫對妻子的控訴，本質上是一種荒謬推理：「如果在泳裝合照時後仰 90 度，那場面會如何？」這種假設性的情境無法成立，因為現實中根本不會發生類似的情境。

妻子機智地運用了相同的推理方式：「那麼擠公車時，如果後仰或前折 90 度，又會是什麼景象？」這一回應，不僅運用了「以彼之矛攻彼之盾」的策略，也讓丈夫意識到自己的論點同樣荒唐，無法成立。

類似的邏輯可以運用在其他生活場景中，例如：

- **朋友批評「吃路邊攤不衛生」**

    反駁：「那麼每天拿手機、鍵盤這些細菌密布的東西，然後再用手抓東西吃，是否更不衛生？」

- **公司規定「不可在辦公室內吃零食，影響專業形象」**

    反駁：「那麼是否應該禁止喝咖啡？因為喝咖啡也涉及進食。」

這種反駁方式，既展現幽默感，又能讓對方自省，從而讓爭論自然結束。

## 日常應對：幽默與邏輯並用，降低對立

這類反駁之所以有效，是因為它不帶攻擊性，且能讓對方自覺自己的論點有問題，避免讓爭論升級。對於日常生活中的不合理指責，我們可以用三種方式來應對：

- 類比法：用相似但極端的情境來反駁荒謬推理
- 幽默法：讓對方意識到問題的荒謬性，但不直接衝突
- 反問法：讓對方自行思考其論點是否自相矛盾

例如：當有人批評某人「喝手搖飲不環保」，卻同時開車通勤時，反問：「那開車排放廢氣是否更不環保？」就能讓對方自省，而不至於演變成爭吵。

## 結論：巧妙反駁，化解衝突

妻子的機智反駁，不僅成功擊破了丈夫的荒謬推理，還維護了自己的尊嚴，而這種以邏輯制勝的方式，也適用於各種生活與職場情境。當我們面對不合理指責時，與其激烈爭辯，不如運用幽默與邏輯，讓對方自覺無理，這樣才能優雅地化解衝突，為對話畫下圓滿的句點。

第五章　捕捉破綻，亂中取勝

# 以荒謬制荒謬：邏輯推理的機智反駁

在論辯中，當對方提出一個缺乏邏輯支持的論點時，最有效的反駁方式之一便是「以荒謬制荒謬」，即透過引申推理來凸顯對方觀點的荒謬性，使其自我崩解。

## 現代案例：年輕不代表沒有能力

在某次企業內部晉升會議上，一名資深經理對一位年輕候選人提出質疑：「你這麼年輕，如何能勝任這個重要職位？」

年輕候選人微笑著回應：「如果能力的高低取決於年齡，那麼這家公司應該聘請最年長的員工擔任所有高層職位，而不是根據工作表現和專業能力來決定。」

當對方的論點過於武斷或不合邏輯時，以相同的推理方式推向極端，使對方意識到其論點的謬誤。例如：

- **有人批評「女性不適合擔任領導職位」**
  反駁：「如果性別決定領導力，那麼全球應該只有男性領袖，而事實並非如此。」

- **某公司只願錄取名校畢業生，認為「名校等於能力」**
  反駁：「那麼，若按照這個邏輯，所有成功的企業家應該都來自名校，然而世界上許多知名企業創辦人都不是名校出身。」

透過這種方式,能讓對方自己意識到其推論的問題,進而無法再堅持其論點。

## 以推理揭露論點的荒謬性

教皇認為「沒有鬍子的人不是人才」,這種論點是一種過度簡化的因果推論,而年輕的西班牙使臣則運用了「極端引申法」來反駁,將這個觀點推向極端:「如果鬍子長短決定能力,那麼有長鬍子的山羊豈不是最有才華的?」

這種邏輯反駁方式的核心在於:

- 先接受對方的前提(暫不直接反駁)。
- 將其論點推向極端,使其荒謬性顯現。
- 讓對方自己意識到其邏輯的不合理之處。

這種方法在日常對話、辯論,甚至職場溝通中都極具實用性。例如:

- **老闆:「我們只錄取有五年以上經驗的員工。」**
  反駁:「那麼按照這個標準,所有應屆畢業生都應該被拒絕,這樣新一代人才如何累積經驗?」
- **朋友:「學歷比能力重要。」**
  反駁:「那麼根據這個標準,所有學歷較低但創業成功的人都應該被視為沒能力?」

第五章　捕捉破綻，亂中取勝

這類反駁方式不僅能快速指出對方邏輯上的錯誤，還能讓對方意識到自己的思維謬誤。

## 幽默與邏輯兼具，化解爭論

這種方式的另一個好處是，它既能凸顯邏輯問題，又能透過幽默來減少衝突，讓對話不至於變得過於對立。例如：

- **主管：「這份工作需要會三種語言，否則很難勝任。」**
  反駁：「如果語言數量決定勝任力，那麼鸚鵡應該是最適合這份工作的人選！」

這樣的回應不僅讓對方無法反駁，還能緩和對話的緊張氛圍，避免爭論變成個人攻擊。

## 結論：機智反駁，讓對方無話可說

年輕的西班牙使臣透過「以荒謬制荒謬」的方式，使教皇的論點不攻自破，這種技巧不僅適用於歷史故事，在當代社會中同樣有很高的實用價值。當我們面對不合理的偏見或武斷的論點時，不必直接發火或強烈反駁，而是可以運用這種推理方法，讓對方自行意識到問題，這樣才能真正達到有效的說服效果。

# 以邏輯歸謬反擊荒謬指控

在辯論與公共演說中，當對方以武斷或不合理的邏輯進行攻擊時，最有效的反駁方式之一便是「**以彼之矛，攻彼之盾**」，即使用對方的邏輯，推導出更荒謬的結論，迫使對方自相矛盾，無法繼續堅持其論點。

## 現代類似案例：學歷與能力的迷思

在職場上，有些企業認為「學歷決定能力」，即只有名校畢業的人才具備高能力。當求職者遭遇這類偏見時，可以用歸謬法來反駁：

企業代表：「我們公司只錄取名校畢業生，因為名校代表了最高能力。」

求職者回應：「照這個邏輯，歷史上許多偉大的企業家和科學家，例如比爾蓋茲（輟學）、賈伯斯（輟學）、愛迪生（小學肄業）等，應該都沒有能力創業或發明，這豈不是讓世界上許多偉大的成就都變得毫無價值了？」

這樣的回應方式，並未直接與對方爭論「學歷是否重要」，而是讓對方的論點推向極端，使其不得不重新思考其觀點的合理性。

## 第五章　捕捉破綻，亂中取勝

### 切斯特・朗寧的機智反擊

加拿大前外交官**切斯特・朗寧**在競選期間所遭受的攻擊與他的反擊，正是一個經典的示範。

反對派聲稱「喝過澳洲奶，就有澳洲血統」，這是一種典型的**類比謬誤**（False Analogy）與**錯誤因果關係**（False Cause）。朗寧沒有直接辯駁，而是巧妙地將這一推理運用到對方身上：

- **如果「喝奶決定血統」**，那麼喝加拿大牛奶的人就會有加拿大牛的血統。
- **如果食物來源決定血統**，那麼吃過雞肉、牛排、羊肉的人，血統就會變得難以界定。

這種反駁方式的厲害之處在於：

- **不正面衝突**，而是透過幽默和邏輯推理來讓對方陷入困境。
- **讓對方自相矛盾**，因為如果承認朗寧的結論荒謬，那麼他們自己的論點也同樣荒謬。

最終，這場指控在朗寧的機智反駁下變成了一場笑話，反對派只能無奈接受自己的論點站不住腳。

## 如何在日常生活中應用這種反駁方式？

這種「**以荒謬制荒謬**」的技巧，在面對武斷、偏見或無理指控時特別有效。例如：

(1) 偏見：「年輕人沒有經驗，無法勝任管理職位。」

　　回應：

「那按照這個邏輯，所有管理職位應該只由 70 歲以上的人來擔任，因為他們經驗最豐富。」

(2) 偏見：「女性不適合當科學家，因為歷史上偉大的科學家大多是男性。」

　　回應：

「如果歷史決定一切，那麼以前沒有女性投票權，是否代表今天女性也不該投票呢？」

(3) 偏見：「創業就是為了賺錢。」

　　回應：

「那麼按照這個邏輯，所有創業失敗的人都應該被視為沒價值的人，這樣的結論對嗎？」

這種「**歸謬推理**」的方式，能夠迅速讓對方的論點顯得站不住腳，並且能避免情緒性對抗，使對話保持幽默而有智慧。

第五章　捕捉破綻，亂中取勝

## 結論：用邏輯拆解荒謬

切斯特・朗寧的反駁之所以成功，是因為他沒有陷入對方設定的爭辯框架，而是用幽默與邏輯將對方的論點推向荒謬的極端，讓對方無法自圓其說。

這種方法不僅在政治辯論中適用，在日常生活、職場、社交場合中，都能幫助我們更有效地回應武斷的論點。掌握這種技巧，不僅能讓自己在爭論中占據優勢，也能展現機智與邏輯思維，讓對話更加精彩！

## 以邏輯反駁偏見：身分決定論的謬誤

在社交場合或辯論中，**如何優雅地駁斥對方的偏見**，不僅需要機智，還要能夠運用邏輯推理，讓對方的論點自我崩解。

### 現代類似案例：職業與家庭背景的迷思

在現代社會，我們仍然可以看到類似的偏見，例如：

(1) 偏見：「你的父母是藍領，你怎麼能成為公司高層？」

回應：

「照這個邏輯，那些企業家的父母應該都是企業家？但很多知名企業家，像霍華・舒茲（星巴克創辦人）和賴瑞・艾利森

（甲骨文創辦人），都是出身普通家庭，這不就證明了職業與出身並無必然關係嗎？」

(2) 偏見：「你家世背景一般，怎麼能當作家？」

回應：

「那按照這個邏輯，所有作家的父母都應該是作家？但像馬克・吐溫、海明威這樣的文學巨匠，他們的父母可都不是作家，這是否意味著他們不應該成功呢？」

(3) 偏見：「你的父母不是富人，所以你不可能成為成功企業家。」

回應：

「那麼比爾蓋茲、王永慶、賈伯斯這些白手起家的企業家，是怎麼出現的？如果你的邏輯成立，他們應該從來不存在。」

這種回應方式，並未直接與對方爭論「家庭背景是否重要」，而是讓對方的論點推向極端，使其不得不重新思考其觀點的合理性。

## 喬治・英瑞的機智反擊

貴族子弟的邏輯是：「如果父親是木匠，兒子就應該成為木匠」，這是典型的**身分決定論**（Determinism）。英國詩人英瑞沒有直接與之爭論，而是反其道而行：

## 第五章　捕捉破綻，亂中取勝

- **假設對方的邏輯成立**：「如果父親的職業決定兒子的身分，那麼……」
- **反推一個荒謬的結論**：「你的父親是貴族，那你應該被培養成一名真正的紳士。」
- **現實顯然不符合這個結論**：「但你並不是紳士，因此你的邏輯是錯的。」

這樣的回應方式，具有**高度的邏輯性**，並且富含**幽默與諷刺**，讓對方在大庭廣眾之下無法反駁。

## 如何在日常生活中應用這種反駁方式？

這種「**反話正說，邏輯推演**」的技巧，可以用於各種場合，幫助我們優雅地回應不合理的偏見。例如：

(1) 偏見：「你的父母沒讀大學，你怎麼能當教授？」

　　回應：

「按照這個邏輯，所有的教授的父母都應該是教授，那第一位教授是從哪裡來的呢？」

(2) 偏見：「你家裡沒有人是音樂家，你怎麼能學音樂？」

　　回應：

「如果職業是遺傳的，那麼第一位音樂家又是從哪裡來的呢？」

(3) 偏見:「你的家人都不做生意,你怎麼創業?」

　　回應:

「那按照你的邏輯,所有企業家都應該來自企業家家庭?但事實上,很多成功的創業家並沒有富裕的家世。」

這種方式**不直接與對方對抗,而是讓對方的論點自相矛盾**,從而讓他們自己放棄無理的立場。

## 結論:用邏輯與幽默瓦解歧視

喬治・英瑞的反駁方式,不僅展現了機智,還透過邏輯推演,使對方的論點陷入**自我否定的陷阱**。這種辯論技巧,適用於各種場合,無論是**面對職場的偏見、社會上的刻板印象,還是競選辯論中的攻擊**,都能有效應對,並且展現出優雅與智慧。

掌握這種技巧,不僅讓自己在爭論中占據優勢,也能提升個人的思辨能力,讓對話更加精彩!

國家圖書館出版品預行編目資料

零漏洞辯論法，讓對手無路可退的思維布局：先發制人×概念界定×欲擒故縱×捕捉破綻，鍛鍊臨場反應，讓你的言辭無懈可擊！/ 楊昱衡 著. -- 第一版. -- 臺北市：樂律文化事業有限公司, 2025.05
面；　公分
POD 版
ISBN 978-626-7699-31-7(平裝)
1.CST: 辯論
159.4　　　　　　114005367

電子書購買

爽讀 APP

臉書

# 零漏洞辯論法，讓對手無路可退的思維布局：先發制人 × 概念界定 × 欲擒故縱 × 捕捉破綻，鍛鍊臨場反應，讓你的言辭無懈可擊！

作　　者：楊昱衡
發 行 人：黃振庭
出　版　者：樂律文化事業有限公司
發　行　者：崧博出版事業有限公司
E - m a i l：sonbookservice@gmail.com
粉　絲　頁：https://www.facebook.com/sonbookss/
網　　址：https://sonbook.net/
地　　址：台北市中正區重慶南路一段 61 號 8 樓
8F., No.61, Sec. 1, Chongqing S. Rd., Zhongzheng Dist., Taipei City 100, Taiwan
電　　話：(02) 2370-3310　　傳　　真：(02) 2388-1990
印　　刷：京峯數位服務有限公司
律師顧問：廣華律師事務所 張珮琦律師

-版權聲明

本書作者使用 AI 協作，若有其他相關權利及授權需求請與本公司聯繫。
未經書面許可，不可複製、發行。

定　　價：420 元
發行日期：2025 年 05 月第一版
◎本書以 POD 印製